Study on Corporate Cultural Integration of Merger and Acquisition

并购企业文化整合研究

彭仁忠　著

WUHAN UNIVERSITY PRESS
武汉大学出版社

图书在版编目(CIP)数据

并购企业文化整合研究/彭仁忠著. —武汉: 武汉大学出版社,
2015.10
ISBN 978-7-307-16737-7

Ⅰ.并…　Ⅱ.彭…　Ⅲ.企业文化—研究　Ⅳ.F270

中国版本图书馆 CIP 数据核字(2015)第 204181 号

责任编辑:胡　荣　　责任校对:李孟潇　　版式设计:韩闻锦

出版发行: **武汉大学出版社**　(430072　武昌　珞珈山)
(电子邮件: cbs22@whu.edu.cn　网址: www.wdp.com.cn)
印刷:武汉中远印务有限公司
开本: 720×1000　1/16　印张:13.5　字数:191 千字　插页:1
版次:2015 年 10 月第 1 版　2015 年 10 月第 1 次印刷
ISBN 978-7-307-16737-7　定价:29.00 元

前　言

随着世界经济全球化，各地市场竞争日趋激烈，企业并购也越来越成为企业扩张规模、增强企业竞争实力的重要手段。自从20世纪90年代以来，世界各地并购浪潮风起云涌。但是，在大多数企业的并购案例中，真正成功的很少。而且，根据美国默莎管理咨询公司的调查结果，在过去30年里，世界上较大的企业并购案中有65%的并购是不成功的，而且也没有获得事先预期的财务回报与协同效应。在具体分析企业并购失败的真正原因时，麦肯锡管理咨询公司、默莎管理咨询公司的一些研究结果表明，并购双方忽视它们之间企业文化的差异、不能妥善解决企业之间的文化冲突、没有进行有效的文化整合是企业并购失败的主要原因。因此，对企业文化和企业文化整合的研究引起国内外学者们的广泛关注和探讨，虽然他们在企业文化测量、诊断和评估的模型与文化量表的开发等定性与定量方面的研究取得了一些成果，但是还需对决定并购企业文化整合成败的关键环节，如文化整合前的风险评价、整合模式选择和整合后的企业文化综合评价等方面做进一步研究。

本书首先在总结前人对企业文化整合研究的基础上，介绍了研究目的与意义、国内外研究现状、研究方法、主要内容与创新点，同时对企业并购理论、企业文化理论、企业文化整合理论和综合评价的方法等相关理论基础分别进行了阐述。其中包括对并购含义、类型、动因、阶段过程和风险体系的阐述；对企业文化含义、类型、特征、分层与企业文化测评的阐述；对企业文化整合含义、类型和相关理论的阐述；对综合评价的方法进行比较和分析，等等。其次在综合运用并购理论、企业文化理论、并购企业文化整合理论和模糊综合评价等理论的基础上构建了以下四种模型：(1)通过对文化整合与企业并购的关系、并购企业文化整合重要性、并购企业文化整合成败的重要影响因素与并购企业文化整合过程中的重要环节进行了深入分析，构建了并购企业文化整合系统模型。该模型对并购企业文化整合的成败起着重要作用。(2)依据文化风险的来源与类型，构建了并购企业文化整合前的文化风险评价指标体系和文化风险模糊综合评价模型，并运用案例分析了应用模型。为企业并购企业文化整合前提供决策参考。(3)对并购企业整合中文化整合模式进行了分析，讨论了影响文化整合模式选择的主要因素和原则，并在此基础上构建了并购企业整合中文化整合模式选择模型，之后运用案例实证分析。该模型为并购企业在文化整合中有效地选择文化整合模式提供了有力借鉴。(4)对并购企业文化评价量表进行了分析，阐释了选择 Denison 的 OCQ 量表的原因，并基于 Denison 的 OCQ 量表建立了并购企业文化整合后的企业文化评价指标体系和模糊综合评价模型，并应用案例分析验证评价模型的适用性。该模型为并购企业评价企业文化整合后是否达到整合目标及分析企业绩效提供了借鉴。最后，提出了相关研究结论，并为后续研究提出了相关建议。

本书以企业文化为主线研究了并购企业整合前后的风险控制和模式选择，以期为国内相关专业的学生和学者提供一种研究思路和方法，并且为从事企业并购的管理者们提供一些理论和实践的参考。本书是作者多年从事企业文化教学和研究总结和探索的一些研究成果。在撰写过程中，作者参考了大量国内外企业文化和企业文化整合研究的相关资料，书后列出了参考的主要文献，书中如有文字引用未列出或遗漏参考文献，恳请批评指正。同时，由于作者水平有限，书中难免有疏漏和不妥之处，恳请广大读者、同行和专家予以批评指正。

目　录

第一章　绪　　论

第一节　研究背景和意义

随着经济全球化的不断发展，国际市场竞争愈加激烈，许多企业都希望通过实施并购获取竞争所需的规模和资源、扩大市场份额、提高生产经营效率，也确有相当一部分企业运用这种方式实现了降低成本、高速扩张和增强企业实力的目的。许多企业通过企业并购实现扩张较之通过企业自身积累实现扩张具有明显的时间上的优势，能够在短时间内迅速实现企业发展的需要，因此并购被一些企业经营者视为在发达的市场经济条件下企业进行资本运营的一种高级形式，是迅速完成经营扩张、实现企业规模效应的最佳途径。但是，在为数众多的企业并购案例中，真正成功的并不多。美国麦肯锡咨询公司曾大规模调查了近十年来发生的企业并购案，结果显示只有 1/4 的企业在并购后赚回了相关费用。美国默莎管理咨询公司在对 20 世纪 90 年代发生的 140 起企业并购案例研究后发现，有约半数企业在并购后其业绩没有超过行业平均水平。而且，在过去 20 年里，国际上大的企业并购案中 65%的并购是失败的，没有获得预期的协同效应和财务回报。在分析企业并购失败的原因时，美国麦肯锡咨询公司、默莎管理咨询公司以及其他的一些研究结果表明，忽视并购双方企业文化的差异、没有妥善解决文化冲突、未能进行有效的文化整合是企业并购失败的重要原因。而波士顿咨询集团的一项研究表明，只有不到 20%的企业在并购目标企业之前考虑过文化整合计划。科尔尼公司的调查显示，在并购失败的决定因素中，文化的差异位居首位，这种文化差异主要是企业文化的差异。企业文化是企业在长期的生存和发展中所形成的，为组织的多数成员所共同遵守的最高目标、基本信念、价值标准和行为规范。企业文化的一个突出的特点是潜移默化地发挥影响。

许多欧美及日本公司开始重视企业文化与企业经营成败的密切关系。通常那些能建立长期良好文化的企业都会表现出优良的整体经营绩效。以历年世界500强企业中所选出声誉卓著的公司为例，这些声望高的企业在经营管理能力、产品及服务品质、创新能力、长期投资获利、财务状况、吸引及培养与留住人才能力、对社会及环境的责任感，以及企业资产运用等方面皆有卓越的表现。更重要的是，这些企业都各自拥有优良而独特的企业文化，从中国许多成功的企业也可以发现相同的现象。对所有企业经营者而言，优良企业文化的价值因而愈来愈受到重视。

而且，由于企业不断地面临大环境快速剧烈的变迁，经济竞争日益走向全球化，企业组织为求永续经营的过程中，渐进地明了并重视企业文化的建设也是企业成功的另一项重要的因素。哈佛大学教授特伦斯·狄尔(Terrence E. Deal)和麦肯锡管理顾问公司顾问阿伦·肯尼迪(Allen A. Kennedy)在《塑造企业文化》一书中提出他们的研究结论：杰出的企业都有一个强劲有力的“企业文化”作为基石，而强劲有力的“企业文化”是企业制胜重要的管理方针。

企业文化的兴起导致了西方企业界一场意义深刻的革命。在现代企业生产经营中，由于生产过程的精细分工和社会化程度的提高，增加了管理的复杂性，原有的企业管理理论和方式已经不能适应企业管理实践提出的要求。企业文化就是在这种历史背景下应运而生的，其主要贡献在于实现了企业组织目标与个人目标的统一、工作与生活的统一、约束与自由的统一、管理与被管理的统一。企业文化理论弥补了古典管理理论、行为科学管理理论、管理丛林理论等的不足，在强调硬性管理的同时，十分注重软件管理建设，并把两者有机结合起来，实现了“软”、“硬”结合的最佳管理方式，从而为管理科学注入了新的生命要素，把管理理论推进到一个新的高度。

企业文化的概念从产生到发展已有30多年研究历史，国内外许多学者对企业文化的概念、文化与企业绩效的关系、文化的测度体系等进行了研究，取得了一些研究成果。而且，不同派别的学者运用不同的方法和测量工具对企业文化进行测量与评价，获得了一些定性和定量的数据结果。然而，对企业文化的评价并非动态的，随着社会变化与企业文化的发展，还需进一步探索企业文化对企业绩效、企业整合的影响。

企业文化在企业并购中扮演着重要的角色，是保证企业并购顺利实施的重要因素和条件之一。并购企业文化的整合是一个系统，既需要企业文化冲突的风险进行识别，又要对整合模式和整合计划有一个科学的选择以及规划，在整合过程中还要对整合的途径以及其作用有一个全面的认识，同时整合还是个循环过程，在整合计划推进的过程中应同时建立企业文化测评系统来反馈以及指导企业文化的整合。

本研究在总结前人企业文化整合研究的基础上，综合运用并购理论、企业文化理论、文化整合理论和模糊综合评价等理论，参考国内外学者已研究的企业文化评价量表为基础，对并购企业文化整合前、整合中和整合后的企业文化问题进行了深入探讨，并分别建立了并购企业文化整合系统模型、并购企业文化整合前企业文化风险综合评价模型、整合中文化整合模式选择模型和整合后的企业文化综合评价模型。例如，并购企业文化整合系统模型对并购企业文化整合成败起着重要作用。并购企业文化整合前的文化风险综合评价模型为企业并购文化整合前提供决策参考。并购企业整合中文化整合模式选择模型为并购企业在文化整合中有效地选择文化整合模式提供了有力借鉴。并购企业整合后企业文化模糊综合评价模型为并购企业评价企业文化整合后是否达到整合目标及分析企业绩效提供借鉴。

第二节　企业文化研究理论起源

起源于二十世纪六七十年代的企业文化研究，从其发展脉络上大致可分为两个主要阶段：

第一阶段为20世纪80年代。这一阶段的企业文化的研究以探讨基本理论为主，如企业文化的概念、要素、类型以及企业文化与管理的关系等。这一时期的研究大概可以分为三类：

第一类是“理论型”研究，试图从文化的角度探索企业管理的新方法和新思路。如1981年威廉·大内在《Z理论——美国企业界怎样迎接日本的挑战》一书中，分析了企业管理与文化的关系，提出了“Z型文化”、“Z型组织”等概念。1982年特伦斯·狄尔（Terrence E. Deal）和阿兰·肯尼迪（Allan Kennedy）在《企业文化》一书中提出，杰出而成功的公司大都有强有力的企业文化。他们还提出，企业文化有五要素，即企业环境、价值观、英雄、仪式、文化网络。其中，价值观是核心要素。并提出了应借用管理咨询的方法，先从表面开始，逐步深入观察公司的无意识行为的企业文化分析方法。

第二类是“反思型”研究，这类研究一般是在总结日本企业管理经验的基础上，反思美国企业管理失效的根本原因，如1979年伏格尔的《日本名列第一》、1981年理查德·帕斯卡尔和安东尼·阿索斯的《战略家的头脑：日本企业的管理艺术》等。

第三类是“经验总结型”研究，这类研究主要以总结和挖掘美国成功公司的经验，强调美国优秀公司的文化传统绝不亚于日本的企业，并指出美国企业振兴之路不在日本，而在美国本土。如美国著名管理专家托马斯·彼得斯与罗伯特·沃特曼合著《寻求优势：美国最成功公司的经验》，研究并总结了3家优秀的创新型公司的管理，一发现这些公司都以公司文化为动力、方向和控制手段，因而取得了惊人的成就，这就是企业文化的力量。

第二阶段为20世纪90年代至21世纪初的企业文化研究的深入与发展阶段。企业文化的研究，已由先前的初步的理论研究逐步走向实际应用研究和量化研究。总的说来，企业文化的研究出现了三个主要研究方向：（1）企业文化构成理论及其测量研究（Schneider，1990；Hofstede，1990；Denison，1996；Stringer，2002；Edgar，2004；Arjen，2006）；（2）企业文化与企业经营绩效的应用研究（Denison，1990；Kotter & Heskitt，1992；Denison，1995；Denison，1997；Huang，2003；Denison，2004）；（3）企业文化的诊断与评估及企业文化整合的研究（Roger Harrison & Herb Stokes，1992；Cameron & Quinn，1998，Birkinshaw & Bresman，2000；Robert & Paul，2001；Risberg，2003）。

第三节　国内外研究综述

一、国外研究综述

（一）企业文化研究

从研究方法上看，20世纪80年代企业文化研究就出现了两大方法的派别。

一派是以美国麻省理工学院的沙因（Schein）教授为代表的定性化研究流派。他们对企业文化的概念和深层结构进行了系统的探讨，并提出了进行现场观察、现场访谈、评估企业文化的步骤等。沙因在1984年发表的《对企业文化的新认识》一文和1985年出版的专著《企业文化与领导》（*Organizational Culture and Leadership*）中，系统地阐述了企业文化的概念，他认为企业文化是在企业成员之间相互作用的过程中形成的，为大多数成员所认同的，并用来教育新成员的一套价值体系。沙因并进一步提出了关于企业文化的发展、功能和变化以及构建企业文化的基本理论，他认为企业文化可分为以下三个相互作用的层次：（1）物质层文化，是指组织的明显品质和物理特征（如建筑、文件、标语等可见特征），据此可以观察到的组织结构和组织过程等；（2）支持性价值观，包括战略、目标、质量意识、指导哲学等；（3）基本的潜意识假定，这一层是企业文化的核心，包括潜意识的、暗默的一些信仰、知觉、思想、感觉等。与此同时，沙因提出了揭示文化的四个步骤：一是分析新成员“社会化”的过程和内容；二是分析人们对组织重要事件的反应；三是分析信念、价值和“文化创建者”和“文化载体”的假定；四是与局内人一起联合探索和分析在访谈中未被揭示的、或观察到的异常现象和令人困惑的特征。但是，沙因这种定性研究方法难以进行客观的测量，在探讨组织文化与组织行为和组织效益的关系时，更是难以进行比较研究。

另一流派是以密歇根大学工商管理学院奎恩(Quinn)教授为代表的定量化研究流派。他们从企业文化的一些特征和不同的维度出发，对企业文化进行研究。奎恩和卡梅隆(Cameron)认为企业文化通过企业所信奉的价值观、主导性的领导方式、语言和符号、过程和惯例以及成功的定义方式得到反映。他们将奎恩提出的竞争价值理论模型(Competing Values Framework，CVF)扩展到对企业文化的测量，以探查组织文化的深层结构和与组织的价值、领导、决策、组织发展策略有关的基本假设，并构建了 OCAI 量表。该理论模型由灵活性与稳定性、关注内部或外部两个成对维度构成。在这两个维度的交互作用下，出现了四种类型的组织文化：宗族型文化(clan)、活力型文化(adhocracy)、层级型文化(hierarchy)和市场型文化(market)。竞争价值理论模型，为后来组织文化的测量、评估和诊断提供了重要的理论基础。但是，有些学者认为这种现象学的方法，只是研究企业文化的表层，而不能深入到企业文化的深层意义和结构中。

研究企业文化主要有定性和定量两种方法，定性研究往往是嵌入到情境中，需要精心的解释；而定量研究是与具体情境无关的，使用的是预先确定的标准。两者各有利弊。定性研究能提供丰富的、更深刻的观点，但其缺陷则在于“主观性”，从而影响到结论的可靠性；定量研究则更加严密，通过理论检验，发展出一般的结论，并且可以做组织之间、组织内部的比较研究，但定量研究往往容易忽视文化的整体性，而只反映了研究者片面的文化认识。

(二)并购企业文化整合研究

1. 对并购企业文化整合模式与机制研究

在 20 世纪 80 年代末，国外学者对文化整合模式的选择进行了研究。文化整合被认为是并购双方互动的过程，在文化整合时必须考虑并购双方员工对企业文化认同感和文化宽容度(Nahavandi & Malekzadeh，1988；Shapiro，1991；Robert & Paul，2001；Risberg，2003)。Nahavandi 和 Malekzadeh(1988)指出，对并购企业来说，采用何种模式取决于它的文化宽容度，即鼓励还是反对组织内员工持不同的价值观，以及战略相关性，即相关并购还是不相关并购。贝利(Berry，1998)将文化整合称为“文化适应”，认为并购双方共有四种文化整合模式，即一体化、吸收型、分隔型和混沌化。

2. 对并购企业文化整合的文化风险与冲突研究

Haspeslaph 和 Jemison(1991)指出，并购的价值都是在并购交易后创造出来的。也就是说，无论事先对外宣称的并购动机是什么，包括获得某些协同、进入新市场，都必须通过整合过程来将其实现。Schweiger 更进一步指出，并购后的整合过程是一个复杂的过程，包括三个维度：技术、政治与文化。其中，文化是整合的重要内容，双方的文化差异必须慎重对待。

Mirvis 和 Marks(1992)认为文化冲突一般会经历四个阶段：(1)感知差异。人们首先注意到的是两个企业的领导之间的区别。包括管理风格、行为风度，以及各自的产品和声誉、在两个企业工作的人、两个企业经营的所有方面，甚至是最平常的方面也引起了人们的注意。(2)放大差异。两个企业可感知的差异随着时间逐渐尖锐和突出。人们开始不断进行总结，业务系统的差异反映了深层次的价值观和经营理念方面的差异。(3)典型化。一方的员工认为对方的员工的风格、做事方式等几乎所有的方面都很类似，于是用一些简短术语为他们建立一个典型的“形象”。各方对自己和对别人的概括都不相同，正如自己对自己的认识和对方对自己的认识是不同的。当两个企业属于不同的国家或者一个国家不同的地区时，这种情形会更加严重。一旦典型化，就意味着一方将放弃进一步探究、理解甚至接受另外一方的文化的愿望和努力。(4)压制。这个术语概括了文化冲突的最后一个阶段。此时，其中一个企业的文化被压制。“我们”是胜利者、拥有优越的文化，而对方则被看做失败者，文化也是劣等的。优越感小仅仅意味着态度和观点，而且会直接导致让对方无条件地按照自己的方式来制定战略、政策以及行为方式的强硬要求，因此肯定会疏远对方的员工，引发强烈抵制，并且丧失了解和采用对方一些更好的经营方式、惯例的机会。

卡特怀特和克普尔(Cartwright & Cooper，1993)依据翰蒂对

(Handy)企业文化类型的四种划分，即个人/支持型、权力型、角色型、任务/成就型，认为不同类型的企业文化在并购后有三种不同的结果，即美满的、有问题的和灾难性的。他们同时还指出，在不同文化背景的企业之间进行并购，其结果也可能是一桩美满的企业联姻。

大卫和辛一格(David & Singh, 1994)认为企业并购中的文化风险主要有两类，一类是对目标企业文化对立和距离的测定；另一类是阻碍两种文化有效融合的能力。他们也指出在评价一项并购的适应性时，除了战略问题以外，并购企业必须考虑文化风险。

3. 企业文化对并购绩效的影响因素及作用机制研究

Davis(1969)是最早研究管理风格影响并购绩效的学者之一。他认为管理风格主要包括风险偏好、回报周期、权力结构的配置、职能侧重和利润分配。在大量咨询经验的基础上，Davis 认为管理风格的差异是取得并购成功的主要障碍。因此，应该在并购前详细地分析双方在经营风格上的差异。

根据 Hofstede(1980)的指标，民族文化之间的差异体现在：权利距离、不确定性的厌恶程度、男性主导还是女性主导、个人主义或集体主义。Denison(1995)组织文化模式是一种有效测量组织文化的方法，它能清晰地测量出组织文化和绩效的关系。

Shrivastava(1986)认为，并购双方规模越接近，并购方越难以保证在所有需要整合的领域都认识清楚；而 Walter(1985)和 Mirvis(1984)则认为，当被并购企业的规模较并购方小得多的时候，其成员的要求和利益可能会被忽略。

Nahavandi 和 Malekzadeh(1988)指出，驱动并购的战略决定了双方整合的程度；当整合的程度较高时，发生文化冲突的可能性会比较大。比如，在混合并购中，由于双方业务不同，可能互相独立性会比较强，发生文化冲突的机会就小一些；但是，在相关并购中，并购方高级经理一般会谋求组织整合来实现协同，而被并购企业的员工将直面并购方的企业文化。

Chatterjee 和 Lubatkin(1992)通过并购宣布日前后的股价波动来判断资本市场对双方企业文化差异的反应。实证结果表明，对于双方存在明显文化差异的并购，投资者往往持消极态度。一些案例分析也对这个领域的研究作出了很大贡献。

Cartwright 和 Cooper(1993)认为当并购方对异质文化比较宽容，或者被并购企业对外来文化也比较宽容的时候，都会减轻企业文化差异对并购绩效的负面影响。

Denison 和 Mishra(1995)通过对 764 个组织的高层经理人员进行调查，发现模式中的四个文化特质，即工作参与、一致性、适应性、使命，分别与公司的某些绩效指标(如全面绩效、市场份额、销售增长量、收益率、员工满意度、产品和服务质量，以及新产品的研发)存在明显的相关关系，Denison 发现几乎所有的文化特质都与组织绩效量度之间显著相关，而且每一种文化特质都与大范围的主观和客观的组织绩效量度存在明显的正相关。

Morosini(1998)指出，民族文化差异与跨国并购业绩相关。Morosini、Shane 和 Singh(1998)分析了 52 家意大利和英国企业在 1987—1992 年的跨国并购，研究结果表明，民族文化差异提高了跨国并购业绩；Larsson 和 Finkelstein(1999)的研究更明确认为跨国并购(民族文化差异)意味着更高的并购潜在价值以及更低的员工抑制和流失率(因为跨国并购往往是互补型的)，但在组织整合方面需要克服一些困难。

K. Huang (2003)在其博士论文中主要探讨了 Denison 的 OCQ 量表在评价台湾的企业与美国的企业时企业文化是否与企业绩效直接相关。研究结果证明企业文化与企业的绩效正相关。

Eric 和 Rangapriya(2005)对企业文化的构成因素与绩效的关系进行了实证研究。研究结果表明，不同的企业文化因素会对财务绩效(本研究采用的财务绩效指标为 EBIT)产生不同的影响。Eric 并提出了一个企业文化的六因素模型。他们发现，客户导向、企业公民行为、绩效标准、与公司认同等四个因素可以直接影响企业的绩效。另外两个因素——人力资源管理和组织沟通，虽然不与企业绩效直接相关，但会通过其他文化因素来影响企业绩效。

4. 并购企业文化整合与其他整合的关系研究

Ghoshal 和 Hapeslagh(1990)通过案例研究发现，如果能够在两个组织之间以及被并购企业内部创造一种积极的气氛，就能够淡化企业文化差异的消极影响，促进能力的单向或双向转移。能力的单向或双向转移是协同实现的主要手段，也是整合的基本内容——运营整合，而创造一种积极的气氛，以便能够较好地处理双方文化差异。换句话说，文化整合是运营整合的基础，做得好，可以帮助运营整合的顺利实现；做得不好，人与人、企业之间的冲突和抑制会严重阻碍并购整合。

Birkinshaw 和 Bresman(2000)的案例研究就证明了人的整合与任务整合之间的关系。他们跟踪调查了瑞典三家公司的跨国并购长达 5 年之久，通过大量的问卷、面谈认识到，整合需要处理好任务整合和人的整合两个方面的关系，两者之间的良性关联是整合成功的关键所在。其中，任务整合是通过运营部门的合并与关闭，获得运营协同；人的整合是通过营造一个相互尊重和信任的氛围，提高所涉员工的满意度，它包含个体层次和集体层次两个层次，而集体层次的主要内容就是文化整合。

综上所述，国外学者走的是一条理论研究与应用研究相结合、定性研究与定量研究相结合的道路。他们在企业文化理论研究的基础上进行了定量化研究，提出了用于企业文化测量、诊断和评估的模型，开发出了一系列量表，对企业文化进行了可操作化的、定量化的深入研究。

二、国内研究综述

与国外企业文化研究的迅猛发展相比，中国的企业文化研究显得十分薄弱，主要表现在：第一，中国的企业文化研究还停留在粗浅的阶段，虽然也有一些关于企业文化的研究，但是大多数是以介绍和探讨企业文化的意义及企业文化与社会文化、与企业创新等的辩证关系为主，真正有理论根据的定性研究和规范的实证研究为数甚少；第二，中国企业文化研究严重滞后于中国企业文化发展实践，许多企业在塑造企业文化时主要是企业内部自己探讨，虽然也有专家学者的介入，但是由于对该企业文化发展的内在逻辑、该企业文化的定位、企业文化的变革等问题缺少长期深入的研究，所以，企业文化实践缺少真正的科学理论的指导，缺少个性，同时也难以对企业长期发展产生文化的推动力。因此，应该借鉴国外企业文化研究，加强中国企业文化研究，促进中国企业文化的发展。虽然国内企业并购实践开始于20世纪80年代，但在企业文化整合研究方面，国内学者最近几年才开始研究，主要集中于文化整合理论、文化整合的模式和模型、文化风险与文化冲突风险等方面。

（一）并购企业文化整合理论、整合模式和模型研究

1. 围绕文化整合理论进行了探讨

李建华（2000）对文化整合概念作了解释，即将若干不同的文化质，经过合并、分拆、增强、减弱等方式形成一种新文化质。浙江大学程兆谦、徐金发（2001）对企业文化整合进行了理论探索，他们认为人的整合不仅包括企业文化整合，还包括员工个体层次整合，员工个体层次整合的实质是被并购企业员工与并购企业建立新的"心理契约"，在不确定性为主要特征的整合初期，企业需要运用增强企业文化认同机制来推动新的心理契约的建立。邓红（2007）对并购中跨文化整合模式的选择，跨文化整合的内容、过程及方法等几方面进行了理论探索。吴战波（2008）认为，企业文化具有异质性和重组性，不同的企业并购重组，必须对不同的企业文化进行整合，有效的文化整合可以改良和完善企业管理，使并购双方真正形成一个有机整体。企业并购后的文化整合应从企业价值观念、企业制度文化、企业物质文化三个方面进行重塑。

2. 对并购中文化整合中的模式与系统模型进行了研究

陈凤（2001）认为企业并购后文化整合主要经历三个步骤：比较分析文化差异，进行跨文化培训，建立新的企业文化。高艳、赵宝国在（2002）分析了文化整合四种模式，即吸纳式、渗透式、分离式、消亡式，并提出了文化整合管理的重要性。宋富华、王圣宠（2002）认为并购在本质上要求企业文化实现整合与再造。潘爱玲（2004）探讨了文化整合与跨国并购的关系、文化整合的流程设计与模式选择等问题。李京梅（2004）提出在并购前全面考察评估双方的企业文化和价值观的基础之上，选择恰当的文化整合模式，积极塑造新文化，加强跨文化的理解和沟通，并且制定稳定人才的政策。朱胜良(2005)指出企业文化是企业兼并失败的主要原因，提出了建立企业文化整合的系统模型的重要性，并从实际操作的角度，指出了模型的应用方法。赵西三和王莉(2006)认为中国企业跨国并购后的文化整合面临更大的挑战，适宜采取渐进模式。渐进模式把文化整合分为引进阶段、融合阶段和创新阶段三个阶段。闻学(2007)指出以持续发展为目标的企业整体管理的基本维度从单一的效率维度变成了创新维度、效率维度和风险规避维度的复合。因此，追求持续发展的企业是创新型企业、效率型企业和风险规避型企业相统一的企业，即三叶草型管理的企业。樊耘、熊晓哲和余宝琦(2007)提出了基于关键要素的企业文化模型，即“共同语言、流程、优先权、企业结构、授权、制度和会议”七个企业文化的关键要素模型。

3. 从文化冲突和差异方面探讨影响文化整合的因素及整合策略

王洪忠(2003)对企业并购中文化整合的主要障碍进行了分析，认为并购企业之间文化传统的差异、企业并购中员工的心态和企业文化本身的特性都影响着文化整合。郑宁、胡琳瑜(2004)认为并购企业之间经营思想与经营方式的冲突、价值观念的差异和劳动人事制度的差异都直接影响企业并购后的文化整合。顾卫平和薛求知(2004)从契约观和资源观的角度来定义跨国并购文化整合，提出文化差异不仅带来文化冲突，还可以创造文化价值，增强跨国公司竞争优势，并在此基础上提出了跨国并购文化整合的六大基本原则。赵曙明和张捷(2005)认为，中国企业应采取以下文化整合策略：做好并购前的文化审慎调查，成立整合团队，跨文化培训，构建共同的组织远景，内化企业文化机制。王朝晖和徐波(2005)指出，当中国企业和外国企业的文化都处于低级阶段时，可以采取融合模式；当中国企业的文化处于高级阶段而外国企业的文化处于低级阶段时，可以采取同化模式；当中国企业的文化处于低级阶段而外国企业的文化处于高级阶段时，可以采取引进模式。陈弘(2006)深入分析了由于价值观、管理方式、沟通形式、民族个性诸方面的差异所带来的并购后企业经营管理的各种问题，揭示出影响企业跨国并购成败的深层次原因，并提出了中国企业跨国并购的文化整合策略。

(二)对并购企业的文化风险与文化冲突研究

1. 对企业并购中文化风险分类、风险识别及具体表现形式进行了研究

侯学明(1999)根据企业文化构成的四个层次，将企业并购的文化风险划分为价值观、经营管理观念和经营管理作风、经营管理制度和经营管理程序、书面和非书面工作标准与工作程序四种文化风险。谭静(1999)使用文化差异性和文化容忍度为横、纵纬度，将企业并购的文化风险分为相容型、模糊型、摩擦型和冲突型四种类型，并构造了文化风险类型矩阵。王基建(2002)对企业并购的文化风险及其识别进行了研究，论述了企业并购文化风险的主要表现形式和企业并购文化风险的识别过程和一般方法。吴显英、姜炳麟(2003)对文化风险的多种表现形式进行了分析，认为沟通风险、种族优越风险、管理风险、商务惯例与禁忌风险是文化风险的主要表现形式。陈海花(2004)认为社会群体的审美标准和能力的差别也是重要的文化风险因素。吴显英(2005)提出了文化风险内部影响因素的解析结构模型，系统地分析了各影响因素的作用方式，指出了关键影响因素，即企业国际化战略导向、对文化风险的认识与重视程度、员工跨文化素质与能力。

2. 对企业并购中文化风险进行了量化研究

赵曙明、杨忠(1999)和王基建(2002)认为文化风险有别于其他类型的风险，主要存在于意识之中，对其量化主要以主观评价为基础，可以通过德尔菲法、幕景分析法对文化风险进行度量。王宝舟、俞自由(2003)提出借助概率树、直方图等形式评估并购企业之间的文化差异与相容性，力求得出更为明确和直观的结果。熊勇清和胡明(2005)对企业并购中的文化风险及其度量模型探讨，分析了企业并购中文化风险产生的根源、特征和文化风险度量方法。吴显英(2007)指出文化风险是企业国际化经营必须面对的重要风险，并提出了文化风险的评价指标体系。

3. 对文化冲突类型、表现形式及文化冲突的阶段进行了分析

清华大学的张德教授在《中国企业文化现在与未来》一书中，对文化冲突进行了种种分析。徐彬(2000)认为，文化冲突是企业冲突的集中体现，是在对企业文化冲突管理的基础上进行的企业文化整合，是企业生态系统的再造；企业生态系统包括企业最高价值观、战略、结构、组织、制度、技能、人员和作风，其中战略、结构、制度、作风事关全局。胡永栓(2002)分析了企业兼并文化冲突的过程：蜜月阶段，即被兼并企业员工心理上的兴奋和乐观阶段；沮丧阶段，即兴奋的感觉被失望、烦恼和焦虑所代替的阶段；调整阶段，指经历了一段时间的沮丧和迷惑之后，被兼并企业员工逐渐找到了对付新文化环境的办法；适应阶段，被兼并企业员工的沮丧、烦恼和焦虑消失了，基本上适应了新的企业文化环境，内心产生了从未有过的自豪感和归属感。陈浩、王永(2002)提出并购是企业实施战略发展的重要途径，然而并购企业将面临着双方文化冲突问题，企业文化冲突产生的根本原因是企业文化差异。企业在进行并购时，要把消除文化冲突，实现文化相融视为高级整合目标，并渗透到其他整合业务中去。廖冰(2004)指出不同文化的企业在实施并购后相当长的一段时间内会出现不同程度的文化排斥与文化冲突现象，具体表现在企业精神文化冲突、制度文化冲突以及物质文化冲突三方面，并指出要成功克服并购中的文化冲突，关键在于并购企业对这种冲突的事前考虑与事后反应。

三、国内外研究存在的不足

与国外学者企业文化研究的成果相比，中国的学者对企业文化的研究显得很粗糙。从国内的研究来看，并购文化整合的研究目前基本上还是处于起步阶段，其内容主要还是围绕文化整合理论、文化整合的模式及模型和文化风险与文化冲突风险的初步探讨，没有进行实证模型研究与案例研究。

而从国外企业文化研究发展历程来看，国外学者在对企业文化的概念和结构进行探讨之后，便马上转入对企业文化产生作用的内在机制，以及企业文化与企业领导、组织气氛、人力资源、企业环

境、企业策略等企业管理过程的关系的研究，进而对企业文化与企业经营业绩的关系进行量化的追踪研究。并且在企业文化与经营绩效关系研究方面，取得了一些研究成果，尽管如此，但也存在严重不足，即没有系统地探讨并购企业文化整合作用机制和文化整合模型构建的问题。

由此，本课题在国内外已有成果的基础上，试图建立一套系统的并购后的文化整合体系(即企业文化整合系统框架模型、企业文化整合前的文化风险评价指标体系及其综合评价模型、企业文化整合模式选择模型与企业文化整合后文化效力综合评价指标体系及综合评价模型)。

第四节 研究设计

一、研究内容

从国内外二十年多年的企业文化与企业文化整合的研究发现：大多数学者们走的是一条理论研究与应用研究相结合，定性研究与定量研究相结合的道路。20世纪80年代中期，在对企业文化的概念和结构进行探讨之后，接着转向对企业文化产生作用的内在机制，以及企业文化与企业绩效、组织气氛、人力资源、企业环境、企业策略等企业管理过程的关系的研究，进而对企业文化与企业经营业绩的关系进行量化的实证研究。定量化研究是在企业文化理论研究的基础上，提出用于企业文化测量、诊断和评估的模型，进而开发出一系列量表，对企业文化进行可操作化的、定量化的深入研究。

本研究采用理论研究与应用研究相结合，定性研究与定量研究相结合的研究思路，充分利用企业文化的理论知识，结合问卷调查和文献资料调研等方法，建立模型，并用案例分析对其进行佐证。本研究综合运用并购理论、企业文化理论、文化整合理论和模糊综合评价等理论，以国内外学者已有的研究企业文化评价量表为基础，第一，对并购理论、企业文化理论、文化整合理论和模糊综合评价等理论进行了文献回顾。第二，对并购企业文化整合重要性进行了深入分析，并构建了并购企业文化整合系统模型。第三，对并购企业文化整合前的文化风险进行阐述，并探讨并购企业在整合前如何进行文化风险的识别，进一步分析文化风险的类型与构成及具体表现形式，在此基础上借鉴模糊数学等数学模型与方法构建并购企业文化整合前的文化风险综合评价指标体系和综合评价模型，之后采用案例应用分析模型是否有效。第四，对并购企业整合中文化整合模式进行了分析，讨论了影响文化整合模式选择的主要因素和原则，并在此基础上构建并购企业整合中文化整合模式选择模型，之后运用案例实证分析。第五，针对并购企业整合后的企业文化进行模糊综合评价，以 Denison 的 OCQ 量表为评价理论基础，构建并购企业整合后企业文化模糊综合评价模型，并通过案例应用模型。

二、研究思路与方法

本项研究试图建立一套完整的并购后的文化整合体系。本研究依托的主要理论有：企业并购理论、企业文化理论、文化整合理论、文化风险理论和 Denison 企业文化测量模型。依托的主要研究机构有：华中科技大学跨文化研究所、外语教育研究所和企业评价研究所。主要数据收集方法包括：问卷调查(定量)、访谈(定性)。主要数据分析工具包括：因子分析、模糊数学综合评价、多元回归分析及案例研究。

主要研究方法具体如下：

(1)通过文献调研分析文化整合与企业并购的关系、文化风险的来源与类型、并购后企业文化整合模式与影响文化整合模式选择的主要因素、企业文化评价量表等。

(2)通过对并购后文化整合成功企业(如联想并购 IBM PC)与并购后文化整合失败企业(如明基并购西门子)进行调研分析并购后企业文化整合重要性、文化风险的来源与类型、并购后企业文化整合成败的重要影响因素与并购后企业文化整合过程中的重要环节、并购后企业文化整合模式等。

(3)基于并购理论、企业文化理论、文化整合理论、文化风险理论等构建并购后企业文化整合系统框架模型。

(4)根据文献与企业调研分析文化风险来源与类型确定文化风险评价维度，采用莱克特五级量表评分法，对并购企业进行问卷调查收集整合前文化风险评价数据，并对问卷数据特点进行初步分析、检验后用主成分分析法进行因子分析，并对因子提取结果进行了信度检验，在证实了量表的可靠性和稳定性后，对因子进行赋值分析并用配对样本 T 检验对赋值结果进行验证，以保证赋值分析的有效性。运用模糊数学综合评价方法，构建整合前文化风险评价指标体系与综合评价模型。

(5)根据文献与企业调研分析影响文化整合模式选择的主要因素，并以其为基础构建并购后企业文化整合模式选择模型，采用案例分析法应用模型。

(6)基于 Denison 企业文化评价量表构建企业文化整合后文化效力综合评价指标体系及综合评价模型，并通过多元回归分析模型中的四个文化指标：工作参与、一致性、适应性、使命，分别与企业的某些绩效指标(如全面绩效、市场份额、销售增长量、收益率、员工满意度、产品和服务质量，以及新产品的研发)是否存在明显的相关关系。均采用案例分析法应用模型。

三、创新点

本研究通过建立一套全面而完整的企业并购的文化整合体系，在一定程度上弥补了国内企业文化整合研究方面的某些不足，而且在理论和应用价值方面体现出以下四个方面的创新之处：(1)通过对文化整合与企业并购的关系、并购企业文化整合重要性、并购企业文化整合成败的重要影响因素及并购企业文化整合过程中的重要环节进行了分析，构建了并购企业文化整合系统模型。该模型对并购企业文化整合成败起着重要作用。(2)探讨了文化风险的内涵、特征和来源及其具体表现形式，分析了并购企业如何在文化整合前进行文化风险识别、文化风险识别的内容和方法，并依据文化风险的分类和来源作为理论基础，构建了并购企业文化整合前的文化风险评价指标体系和文化风险模糊综合评价模型，并运用案例分析应用模型。为企业并购企业文化整合前提供决策参考。(3)对并购企业整合中文化整合模式进行了分析，讨论了并购企业文化整合的几个阶段与流程，分析了影响文化整合模式选择的主要因素和原则，并在此基础上构建并购企业整合中文化整合模式选择模型，之后运用案例实证分析。该模型为并购企业在文化整合中有效地选择文化整合模式提供了有力借鉴。(4)对并购企业文化评价量表进行了比较研究，并阐释了选择 Denison 的 OCQ 量表作为并购企业文化整合后的企业文化评价理论基础的依据。基于 Denison 的 OCQ 量表建立了并购企业文化整合后的企业文化评价指标体系和模糊综合评价模型，并应用案例分析验证评价模型的适用性。该模型为并购企业评价企业文化整合后是否达到整合目标及分析企业绩效提供借鉴。

第二章　企业并购与企业文化相关理论

第一节　企业并购理论

一、企业并购的含义

企业并购已经成为企业在经济全球化竞争中获取优势的重要战略，一直是理论界关注的热点。准确地理解和掌握企业并购概念及其类型，对于推动企业并购及并购后顺利推动和实现企业文化整合具有十分重要的意义。

企业并购是指通过企业间的兼并（Merger）与收购（Acquisition），对企业各种要素进行重新组合，组成新的企业，它是资产重组的主要途径，一般地，人们把兼并（Merger）与收购（Acquisition）统称为并购（M & A）。兼并在《大不列颠百科全书》中的定义为："两家或多家独立企业合并成一家企业，通常由一家占优势的企业吸收一家或更多企业。"狭义的兼并仅指占据优势地位的企业吸收另一家或多家处于劣势地位的企业并使之法人地位消失；而广义的兼并则可以包括合并与收购。

本研究对并购概念作了如下一些界定：兼并是指具有法人资格的企业在吸收一家或多家独立企业的资产并承担其债权、债务的同时，使被吸收企业解散并丧失独立法人资格的经济行为。合并是指两家或多家独立企业组成一家新的企业，而参与合并的企业均解散并丧失法人资格，其全部资产、债权、债务均移交给新企业的经济行为。收购是指一家企业在证券市场上用现金、债券或股票等形式购买另一家企业的股票或资产，以获得对该企业的全部或部分控制权，而被控制企业仍可以保留独立法人资格的经济行为。并购是兼并、合并与收购的统称，泛指企业为获得目标企业的全部或部分控制权而进行的产权交易活动，其结果是使目标企业法人地位消失或控制权改变。而从文化整合的角度来说，并购则可以看做两个或两个以上具有不同文化体系的企业结合在一起以期实现文化协同效应的过程。

二、企业并购的类型

(一)按照并购双方所属行业关系划分

1. 横向并购

横向并购是指并购双方处于同一产业或行业部门，生产或销售同一或相似产品而存在竞争关系的企业并购类型。在横向并购中，优势企业与目标公司同属于一个产业或行业部门，换言之，横向并购是一种竞争者之间的并购。如 1997 年美国波音与麦道公司的合并就是一个典型的横向并购的例子，并购后组成了世界上最大的飞机制造企业，在全球飞机市场上的份额高达 70%。横向并购的目的是消灭竞争对手、扩大市场份额、增强并购企业在行业市场中的垄断力量，其最大优点是能够节约共同费用、获取规模经济效应。因此，并购后的企业通常采取统一的技术标准、统一的原材料采购、统一的生产流程和统一的产品销售渠道。横向并购的特点是能使企业规模快速扩大，并购公司集权程度较高，由于大多数人从事类似的工作，并购后将减少重叠机构的行政和职员，从而降低管理成本，增加保留人员的责任。

2. 纵向并购

纵向并购，也称为垂直并购，是指生产过程或经营环节相互联系的企业之间，或者具有纵向协作关系的专业化企业之间发生的并购行为，简而言之，是一种与供应商或者与顾客之间的并购。一般而言，企业进行纵向并购有两大目的：降低交易成本(费用)、取得垄断利润。纵向并购实际是对市场的一种替代。纵向并购可以保证原材料及零部件的及时供应，使生产过程中各个环节密切配合，从而缩短生产周期，加速生产流程，节约运输、仓储费用，降低交易成本。从并购方向来看，纵向并购又可分为向前并购和向后并购。向前并购又称为向前一体化，指生产流程后一阶段的企业并购生产流程前一阶段的企业，如装配或制造企业并购零件或原材料生产企业。向后并购又称为向后一体化，指生产流程前一阶段的企业并购生产流程后一阶段的企业，如生产原材料和零部件的企业并购加工、装配企业或生产企业并购零售商。由于纵向并购中的各方往往是原材料供应者和产成品购买者，所以纵向并购主要集中于加工制造业和与此相关的原材料、运输、贸易公司。纵向并购的优点是能够扩大生产经营规模，节约通用的设备、费用等可以加强生产过程中各环节的密切配合程度，利于协作化生产可以加速生产流程，缩短生产周期，节省仓储、运输费用，节约资源和能源等，由于纵向并购通常会增加并购公司的经营领域，因此在经营管理中将更可能倾向于分权管理。

3. 混合并购

混合并购是指处于不同产业或部门、产品属于不同市场，且与其产业部门不存在特别的生产技术联系的企业之间的并购。或者说，混合并购是一种并购双方在产品市场上既不存在竞争关系，又不存在现实的或潜在的客户或供应商关系的并购。混合并购的主要目的是通过分散投资或多元化经营来降低长期经营一个行业所带来的企业风险，利用资源的优化、互补来扩大企业的市场活动范围。具体来说，混合并购可按其行为动机再细分为三类：一是产品扩张型并购，是指优势企业以原有产品和市场为基础，通过并购其他企业进入相关产业的经营领域，达到扩大经营范围，增强企业实力的目的；二是市场扩张型并购，是指优势企业通过并购接收目标公司的营销网络从而扩张自己的市场领域、提高市场的占有率；三是纯混合型并购，是指优势企业通过并购在生产和需求方面互不相关甚至是负相关的目标公司，从而达到多元化经营分散并降低风险的企业并购。混合并购能形成多元化经营的企业集团，在一定情况下，可以使集团内部享受到生产、销售及财务等方面的组合优势。另外，多元化经营有助于分散单一产业的经营风险，有助于在经济转型时期为企业提供一个良好的生存和发展的环境。

（二）按双方实力大小划分

1. 强—强型并购

强—强型并购，是指并购双方在规模实力方面势均力敌，双方地位基本平等的并购，这种强强联手的并购能够快速扩大企业的市场份额，提升行业地位，一般是基于双方核心能力互补的战略型合并。

2. 强—弱型并购

强—弱型并购，是指并购方处于主导支配地位，在规模、实力方面明显强于目标企业。我国国内并购多数属于这种类型，如优势民营企业对濒临破产的中小型国有企业的并购。

3. 弱—强型并购

弱—强型并购，是指并购方在规模实力或行业地位方面处于弱势地位而目标企业反倒处于强势地位的并购。这种形式的并购在并购实践中比较少见，即通常人们所说的“小鱼吃大鱼”、“蛇吞象”。如联想对 IBM PC 业务的收购。

4. 弱—弱型并购

弱—弱型并购，是指弱势企业并购或联合弱势企业。这种类型的并购有时只是企业规模在形式上的扩张而不能获得能力的增长，有时也可以通过吸收、重组各自的优质资源而达到扬长避短的效果。

（三）按是否取得目标公司的同意与合作划分

1. 善意并购

善意并购，是指目标公司特别是公司管理层对收购公司提出的收购计划和收购条件表示赞同并采取积极配合的态度促使并购交易完成。在善意并购中，收购方式、收购价位，以及收购后的管理整合等具体事宜都经由双方高层管理者共同协商来决议，直至达成双方都可以接受的并购协议。由于并购双方都有合并意愿，而且彼此之间情况较为熟悉，因而善意并购的成功率比较高。

2. 敌意并购

敌意并购，是指收购公司在目标公司管理层对其收购意图尚不知晓或持反对态度的情况下，仍然强行实施收购的行为。在敌意收购中，收购公司常常采取出其不意的收购手段并提出苛刻的收购条件而使目标公司难以接受，因此，目标公司在得知收购方的收购意图后将采取一系列反收购措施以阻止收购计划的继续实施。同样，收购公司也会加强措施力度，试图使目标公司被迫就范。由于无法取得目标公司管理层的协调配合，敌意收购存在较大的收购风险。

（四）按出资方式划分

1. 出资购买资产式并购

出资购买资产式并购，是指收购公司使用现金购买目标公司全部或绝大部分资产以实现并购。

2. 出资购买股票式并购

出资购买股票式并购，是指收购公司使用现金、债券等方式购买目标公司股票，以实现控制后者资产及经营权的目标。出资购买股票可以通过一级市场进行，也可以通过二级市场进行。

3. 以股票换取资产式并购

以股票换取资产式并购，是指收购公司向目标公司发行自己的股票以交换目标公司的大部分资产。

4. 以股票换取股票式并购

以股票换取股票式并购，是指收购公司直接向目标公司股东发行收购公司的股票，以交换目标公司的大部分股票。

（五）按并购实现的方式划分

1. 杠杆收购

杠杆收购是指并购方公司利用目标公司资产的经营收入，来支付并购资金或作为此种支付的担保。换言之，收购公司不必拥有巨额资金，只需准备少量现金加上以目标公司的资产及营运所得作为融资担保、还款来源等金额，即可并购目标公司。管理层收购，是指目标公司的管理者或经理层利用借贷所融资本购买本公司的股份，从而改变本公司所有者结构、控制权结构和资产结构，达到重组本公司的目的并获得预期收益的一种收购行为，它属于杠杆收购的一种。通过收购，企业的经营者变成了企业的所有者，这一类型是为了解决委托人与代理人的利益不一致的问题而产生的。

2. 要约收购

要约收购，即狭义的上市公司收购，是指通过证券交易所的买卖交易使收购者持有目标公司股份达到法定比例(我国《证券法》规定该比例为30%)，若继续增持股份，必须依法向目标公司所有股东发出全面收购要约。

三、并购的动因理论

(一)效率理论

效率理论认为并购活动能提高企业经营业绩，同时对整个社会是有潜在效益的，因而支持企业并购活动。这主要体现在企业形成规模经济、协同效应和管理层改进上。

规模经济理论认为，在企业并购之前，其经营水平和规模都没有达到实现规模经济的潜在要求，通过并购实现规模经济，可以降低平均成本，从而提高技术、开发能力和生产效率，最终增加盈利。该理论认为并购活动的主要动因在于谋求平均成本的下降。这里平均成本下降的规模经济效应可以在两个级别上取得：第一级在生产工厂，包括众所周知的生产专门化的技术经济、工程师规律等；第二级在公司，包括研究开发、行政管理、经营管理和财务方面的经济效益。

协同效应，即“1+1>2”的效应。这种效应使并购后企业所形成的总体效益大于两个独立企业效益之和。这一理论认为并购的基本动因，是为了获取社会存量资产最大的利益，是要实现并购企业资源上的互补或功能上的协调与匹配，最大限度地产生协同效应。

控制权增效假说。这一假说认为，在并购活动中由被并购企业的控制权转移到主并购企业下，而增加的效益是并购的直接动因。这一假说所隐含的是主并购企业确能改善被并购公司的效率。它强调管理对企业经营效率的决定性作用，认为企业管理的高效率能成为企业并购的主要动力。

(二)市场竞争理论

该理论认为，企业并购是市场竞争的需要。一方面，并购企业通过利用目标企业的资产、销售渠道、人力资源等优势，可以实现企业低成本、低风险的快速扩张，有效降低进入新行业的障碍；另一方面，企业通过并购可以将关键性生产要素纳入企业控制的范围，提高本行业的进入壁垒，减少竞争对手，提高市场占有率，保持企业长期稳定的盈利能力。该理论的假设前提是企业行为完全是市场导向的，市场结构决定了企业的一切行为及其背后的动机。

(三)代理问题

杰森和迈克林(Jensen & Meckling，1976)提出代理问题，认为在代理过程中，由于存在道德风险、逆向选择、不确定性等因素的作用而产生代理成本。他们把这种成本概括为：所有人与代理人订立契约成本、对代理人的监督与控制成本以及限定代理人执行最佳或次佳决策所需的额外成本。不同学者对并购活动中代理问题的研究，出现了代理成本理论、经理阶层扩张动机理论和自由现金流量假说三种理论。

1. 代理成本理论

该理论是针对经营者与所有者之间的利益冲突，认为当企业内部约束和激励机制不能有效解决代理问题时，企业并购提供了一种外部鞭策机制，经营者不至于过分损公肥私或玩忽职守，否则有被接管的威胁。这种情况下，并购的直接动因就是为了降低代理成本。费玛和杰森(Fama，Jensen，1983)认为，企业代理问题可由适当的组织程序来解决。

2. 经理阶层扩张动机理论

该理论认为，与股东关心利润相比，经理阶层更关心自身的权利、收入、社会声望和职位稳定。由于管理者的报酬是公司规模的函数，管理者有扩大企业规模的冲动，并购正是他们扩大规模借此增加自身收入、权利和职业稳定性的重要途径，而企业大量闲置的现金流量也助长了管理阶层的扩张冲动，从而产生许多净现值为负的并购行为。该理论的假定前提是公司的法人治理结构无法克服代理成本问题，同时股票市场也是无效率的，无法对管理者行为进行有效控制和监督。

3. 自由现金流量假说

这一理论源于代理问题。自由现金流量假说为减少代理成本提供了两条途径：一是减少企业的现金流量。迈克·杰森(Michael Jensen，1986)认为现金流量的减少有利于减少公司所有者和经营者之间的冲突。二是适度的增加负债。这就是企业必须在未来支付现金来偿还负债，同经理人许诺将来现金股利相比，这种方法更加有效，更易降低代理成本。此时并购的意义是公司借并购活动，适当提高负债比例，从而减少代理成本，增加公司价值。

(四)交易成本节约的动因假说

以科斯(Coase，1937)的交易费用理论及威廉姆森(Williamson，1986)的资产专用性理论为基础，形成了企业并购对交易成本节约的动因假说。这一理论不再以传统的消费者和厂家作为经济分析的基本单位，而是把交易作为经济分析的“细胞”，并在有界理性、机会主义动机、不确定性和市场不完全等几个假设的基础上展开，认为市场运作的复杂性会导致交易的完成需付出高昂的交易成本，它包括搜寻、谈判、签约、监督等成本。为节约这些交易成本，可用新的交易形式——企业来代替市场交易。这一理论在解释并购活动时，认为并购的目的在于节约交易成本。

(五)价值低估理论

价值低估理论认为，当并购企业发现由于通货膨胀等原因而造成目标企业的股票平均价低于重置成本时，或者由于并购企业获得一些外部市场所不了解的信息，认为目标企业的价值被低估，就会采取并购手段，取得目标企业的控制权。目标公司的价值被低估为并购的主要动因。目标企业的价值被低估一般有三种情况：一是经营管理能力并未发挥应有的潜力；二是并购企业拥有外部市场所没有的目标企业价值的内部信息；三是由于通货膨胀等原因造成资产的市场价值与重置成本的差异，使企业价值有被低估的可能。

四、并购的阶段过程

一般来说，一个完整的企业并购行为通常要经历三个阶段：并购前准备阶段、并购中谈判交易阶段和并购后整合阶段：

(一)并购前准备阶段

首先，需要根据企业战略寻找合适的目标企业。不同的经营发展战略，决定了并购企业对目标企业的要求不一样。并购或是为了扩大市场占有率，或是取得供应商的控制权，或取得目标企业的资产等，这些都直接影响到目标企业的选择。然后，对所选定的目标企业进行全面调查。这要求对目标企业的当地政府、目标企业的管理层以及目标企业的基本情况进行分析调查，了解政府和目标企业管理层对于并购的态度，协调与收购有关的各种关系，分析目标企业同意被收购的真实动机、实地调查目标企业财务状况等。并购前准备阶段是整个并购顺利完成的基础。

(二)并购中谈判交易阶段

在上一阶段全面调查的基础上提出并购方案，进行谈判、磋商。并购企业应提出具体的并购建议，包括并购的价格与非价格条件、支付方式、未来企业财务安排和债务处理、并购时间表和相关的财务安排等，同时，要积极与目标企业的董事和大股东接洽商议并购建议，尽可能协调与他们的关系。在双方达成一致后，便可签订并购合同。在这之后，就按照具体程序履行合同，实现交易。

(三)并购后整合阶段

并购交易的完成并不意味着并购过程的结束，对并购企业而言，并购后的整合才是整个并购过程中最艰难的任务。而整合中的组织整合、财务整合、人力资源整合、文化整合等许多问题都需要付出很大的努力。事实上，只有很好地完成并购后的整合，企业的并购活动才能达到预期的目标。

五、企业并购的风险体系

企业并购的风险是指企业在并购过程中，由于各种事先所无法预料的因素的影响，使企业的实际收益与预期收益目标相背离，导致企业生产经营活动遭受损失的可能性。企业并购是一种风险很高的投资活动，并购后有可能达不到预期的效果，期望的竞争力增强并未实现，并购的战略目标未能完成，甚至将并购企业拖累，陷入危机。在实证研究方面，美国科尔尼顾问公司做了一项关于企业并购的调研，该公司筛选出 1998 年和 1999 年全球 115 个大型并购案例，发现有 58%的案例没有达到预定的价值目标，他们分析了并购全过程的风险分布，发现并购后的整合构成了并购全过程的最大风险，占 53%；其次是目标筛选占 30%；最后是并购谈判占 17%（如图 2-1）。

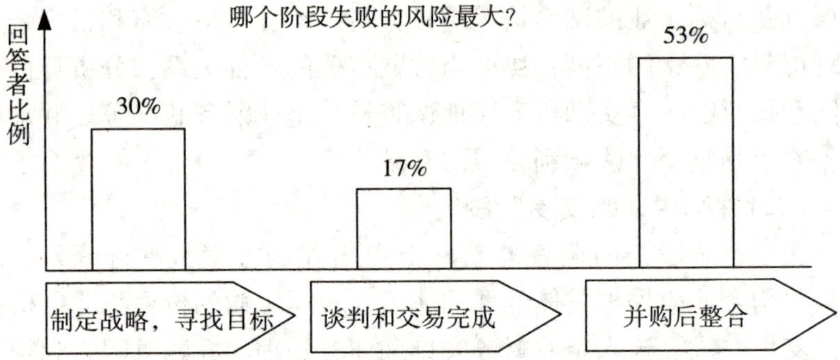

图 2-1　并购不同阶段的失败风险

企业并购涉及政治、经济、文化、法律等多方面的因素，因而形成了一个风险体系，其主要包括：

（一）体制风险

体制风险，是指市场经济不发达、体制不健全、政府过度介入等对企业并购活动带来的风险。

（二）法律风险

企业间的并购受到法律因素的巨大影响，各国关于并购重组的法律法规的细则一般都通过增加并购成本而提高并购难度。

（三）市场风险

企业并购在资本市场上完成，企业的价格可能会产生巨大的震荡，通过市场实现并购会给企业带来一定的风险。

（四）信息不对称风险

由于企业经常处于不完全竞争的市场，信息不对称的问题普遍存在，并购企业对目标企业可能没有掌握真实和及时的信息就贸然行动，从而降低并购成功率。

（五）反收购风险

反收购风险，是指被并购企业对并购行为持不欢迎或不合作的态度，甚至阻止并购的进行，使并购成本和并购风险大大增加。

（六）规模风险

规模风险，是指并购后并未使并购相关全体产生源于协同的规模优势，却产生规模不经济的现象。

（七）财务风险

财务风险，主要是指并购对资金的需求而造成筹资和资本结构的风险。

（八）文化风险

文化风险，是指由于并购企业之间的文化差异，引起文化冲突，导致并购企业文化难以融合，严重影响并购目标的实现，甚至彻底失败。文化风险是根源性的风险因素，诸如市场风险、规模风险、财务风险等许多其他风险的产生，都是由于并购双方在企业精神、价值观念和行为规范等方面的差异而引起的。

第二节　企业文化理论

一、企业文化的含义

企业文化（corporate culture），也称为“公司文化”或“社团文化”，是20世纪70年代末至80年代初发源于美国的一种新兴的企业管理理论。到目前为止，对于企业文化的界定就有一万多条，但都过于模糊和庞杂，仍然没有一个统一的定义。综合国外对企业文化概念的研究，对企业文化最具有权威代表性的定义主要有如下几种：

美国加利福尼亚大学教授威廉·大内（1981）提出了“Z型文化”、“Z型组织”等概念，他认为一个公司的企业文化由其传统和气氛所构成，同时，文化意味着一个公司的价值观诸如进取或是灵活，这些价值观构成员工活动、意见和行为规范。他同时还认为企业的传统和氛围产生一个企业的企业文化。而且，企业文化表明企业的风格，如激进、保守等，这些风格是企业中行为、言论、活动的固定模式。管理人员身体力行，把这些规范灌输给员工并代代相传。

美国哈佛大学教授特伦斯·狄尔和美国麦肯锡管理咨询公司专家阿伦·肯尼迪(1982)提出了杰出而成功的公司大都有强有力的企业文化，而企业文化的要素有五项：企业环境、价值观、英雄人物、习俗仪式与文化网络。其中，价值观是核心要素。他认为企业文化是为一个企业所信奉的主要价值观，由价值观、神话、英雄和象征凝聚而成，这些价值观、神话、英雄和象征对公司的员工具有重大意义。

美国麻省理工学院教授沙因(1985)在其专著《企业文化与领导》中对组织文化的概念进行系统的阐述。他认为企业文化是在企业成员相互作用的过程中形成的，为大多数成员所认同的，并用来教育新成员的一套价值体系，包括共同意识、价值观念、职业道德、行为规范和准则等。同时他还认为，企业文化就是群体在解决其外在适应与内部整合的问题时，学得的一组共享的基本假定，因为它们运作得很好，而被认为有效，因此传授给新成员，使他们当遇到这些问题时，如何去知觉、思考及感觉的正确方法。他认为企业文化由以下三个相互作用的层次组成：(1)物质层文化是非常清晰的，并且具有非常直观的情绪感染，是可以观察到的组织结构和组织过程等；(2)支持性价值观，包括战略、目标、质量意识、指导哲学等；(3)基本假设，这一层是企业文化的核心，包括潜意识的、暗默的一些信仰、知觉、思想、感觉等。

约翰·科特和詹姆斯·赫斯科特(1992)认为企业文化通常代表一系列相互依存的价值观念和行为方式的总和。这些价值观念、行为方式往往为企业全体员工所共有，往往是通过较长的时间积淀、存留下来的。而企业文化通常是指企业各个部门，至少是企业高层管理者们所共同拥有的那些企业价值观念和经营实践。同样，部门文化就是指企业中一个分布于各个职能部门或地处不同地理环境的部门所拥有的那种共同的文化现象。

杰克琳·谢瑞顿和詹姆斯·斯特恩(1996)认为企业文化通常指的是企业的环境或个性，以及它所有的方面。更确切地说，可将企业文化分成四个方面：(1)企业员工所共有的观念、价值取向以及行为等外在表现形式；(2)由管理作风和管理观念(管理者说话、做事、奖励的行为)构成的管理氛围；(3)由现存的管理制度和管理程序构成的管理氛围；(4)书面和非书面形式的标准和程序。

查尔斯·希尔和盖洛斯·琼斯(2001)认为企业文化是企业中人们共同拥有的特有的价值观和行为准则的聚合，这些价值观和行为准则构成企业中人们之间和他们与企业外各利益方之间交往的方式。

20世纪80年代以后，国内学者开始关注企业文化理论研究，企业文化理论并逐渐成为国内经济管理学界的热门话题。国内学者先后成立了许多企业文化研究团体，在西方企业文化的基础上致力于研究有中国特色的企业文化理论，并提出了一些有价值的见解和看法。但是目前国内企业界和学术界对企业文化概念的研究基本上延续了20世纪的研究，没有新的突破，但在提法上有所变化。对企业文化具体有以下几种定义：

罗长海(1991)给出的定义是，企业文化是指企业在其长期经营活动中确立的，为企业全体成员普遍接受并共同遵循的价值观念和行为规范。这里强调的是一种价值观念，属于社会意识的范畴，而其他如企业的文化娱乐、联谊、形象设计等，均不属此列。

张德(1999)认为企业文化是指企业全体员工在长期的创业和发展过程中培育形成，并共同遵守的最高目标、价值标准、基本信念及行为规范。

黎红雷(1999)指出，适应"知识社会"管理的需要，取代以往的"政治人"、"经济人"假设，必须确立"人是文化动物"的认识，并在管理历史、管理文化、管理精神整合的基础上，进行相应的管理理念的更新，以"变化"为管理的前提，以"创新"为管理的动力，以"整体"为管理的模式，以"和谐"为管理的形态，从而推进人类管理的进步。

仲伟周、黄丹(2000)认为，企业文化是一种内在化的企业人格体现，是整个社会文化在企业中的影像，企业文化建设正是运用满足人们多方面需求的方法，在企业内产生一种最为完全的激励和认同机制，这在很大程度上是经济手段的补充和替代，是减少企业内部交易成本的最好途径。因为企业的归属感、荣誉感等是一种全体员工可以共同拥有的非排他的公共产品，这种激励可以遍及企业的每一个员工而不需要太高的成本，这就是企业文化最深刻的经济学底蕴。

刘光明(2002)认为，企业文化是指在一定的社会经济条件下，通过社会实践所形成的并为全体成员遵循的共同意识、价值观念、职业道德、行为规范和准则的总和，是一个企业或一个组织在自身发展过程中形成的以价值观为核心的独特的文化管理模式，是一种凝聚人心以实现自我价值、提升企业竞争力的无形力量和资本。

魏杰(2002)认为企业文化是企业信奉并付诸实践的价值理念，也就是说，企业信奉和倡导并在实践中真正实行的价值理念。他指出，每个企业的企业文化都会有所不同，但与现代经济相适应的新的企业文化，其基本内容应该是许多相同之处，如强调协作与团队精神和分工不同的观念等。

丁志达(2004)认为企业文化是组织成员共同形成的价值观，也是思考与行为规范的体系。

罗永立、牛广星(2005)指出企业文化是组织成员思想、行为的依据，具有有独特性、难交易性、难模仿性的特质，是企业核心专长与技能的源泉，是企业持续发展的驱动力。

国内外对企业文化可大致归纳为两类定义：一类是狭义的定义，认为企业文化包括企业的思想、意识、习惯及感情领域；另一类是广义的定义，认为企业文化是指企业在建设和发展中形成的物质文明和精神文明的总和，包含物质文化(表层)、制度文化(中层)、精神文化(深层)三个层次。尽管国内外学者们对企业文化概念的理解有一定的差异，但是他们对企业文化的核心把握是一致的，大多数学者认为企业的价值观是企业文化的核心，企业文化的形成与企业员工有着密切的联系。

综上所述，本研究将企业文化定义为：企业文化是企业在长期的生产经营过程中所形成的区别于其他组织的，并为企业全体成员共享和认同的企业价值观和行为模式，其核心内容是企业精神和企业价值观。同时企业文化是把企业精神、企业价值观作为核心和基石，强调对员工普遍认同的价值观念、价值标准、基本信念和行为准则等的塑造。在企业内部创造一种和谐一致、积极向上的文化氛围，发挥整体的文化优势。企业文化强调对人的重视，但不是寻求自我实现，更在意集体凝聚力的培育和增强。它是在一定的民族文化背景下，在一定的企业中依托一定有形物质形态而形成具有自己独特个性的企业文化，同时，它也是通过一定的有形物质形态表现出来，它支配企业员工的行为，规范企业的生产经营活动。

二、企业文化的类型

研究者从不同视角对企业文化进行了分类。

特伦斯·狄尔(Deal，1989)和阿伦·肯尼迪(Kennedy，1989)根据企业活动面临的风险大小和企业及员工获得显示决策是否成功的反馈速度的快慢，将企业文化划分为四类：强悍型文化(高风险、反馈快)、工作娱乐并重型文化(低风险、反馈快)、赌注型文化(高风险、反馈慢)、按部就班型文化(低风险、反馈慢)。

汉蒂(Handy，1993)根据企业管理特质将企业文化分为：力量型(独裁者，强调个人决策比组织决策更重要)、角色型(等级森严，强调正式规则和程序重视迅速、有效和标准的服务)、任务成就型(强调团队精神，任务决定工作的组织、灵活性和工人的自主性需要创造性的氛围)、以人为本型(强调平等、寻求个体成员个性的培养)并说明这种企业文化体现出从独裁制倾向向民主制倾向渐进变化的特点。

约翰·科特，詹姆斯·赫斯科特(Kotter，Heskett，1997)则根据企业文化对组织影响程度的大小将企业文化分为强力型文化、策略合理型文化和灵活适应型文化，并指出强力型文化强调利用企业文化中的价值观念和规范去调整、激励和管理员工，而策略合理型文化指出一个企业应采取与企业文化运作的市场环境相适应的经营方式，而灵活适应型文化则揭示出企业文化中某些特定具体的价值观念和行为方式，可以推动企业及企业文化进行变革。

Quinn 和 Cameron(1998)根据竞争性价值观框架(Competing Values Framework，CAF)的两个主要成对维度(灵活性—稳定性和关注内部—关注外部），组合出四种不同的企业文化类型：家族型（宗族型）、发展型（活力型）、官僚型（层级型）和市场型。家族型组织文化的特点是强调企业内部的人际关系，企业像一个大家庭，员工是一个大家庭中的成员，彼此间相互帮助和关照，最受重视的价值是忠诚。传统发展型组织文化的特点是强调创新和成长，组织结构比较松散，在管理运作上不太强调规范化官僚型组织文化的特点是强调企业内部的规章制度，凡事皆有章可循，重视企业的结构、层次和职权，重视企业的稳定性和持久性。市场型组织文化的特点是强调工作导向和目标的实现，重视按时完成各项生产经营目标（如图 2-2）。

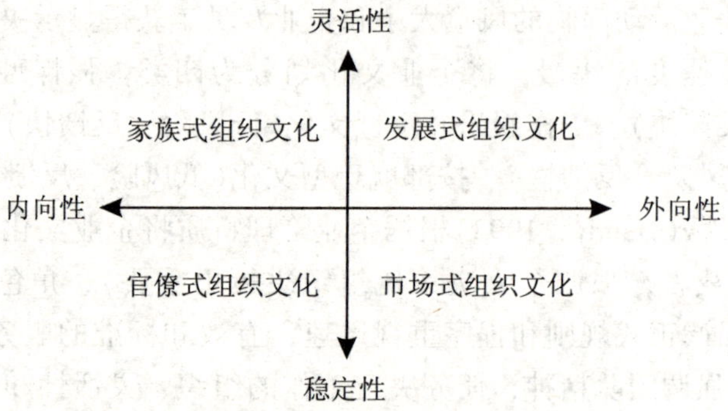

图 2-2 Quinn 和 Cameron 的竞争性价值观框架

美国学者 Bass（1993）等人借助变革理论将企业文化分为变革型企业文化和交易型企业文化，并分别将变革程度和交易程度分为三个等级，按等级的不同进一步将企业文化分为九种类型（如图2-3）。

Clemente 和 Greespan（2003）则列举了八种组织文化类型：独裁文化（有一个权力极大的、完全控制企业的领导）、黑衣骑士文化（权力仍然集中在总裁手里，但权力可以被一部分追随者占有）、仁爱的王国型文化（强调领导的作用，领导被员工当做国王，但允许员工的参与）、规则手册文化（建立规章制度，员工有明确的行为准则指导）、开明的文化（知识就是权力，权力仍然由高层行使，

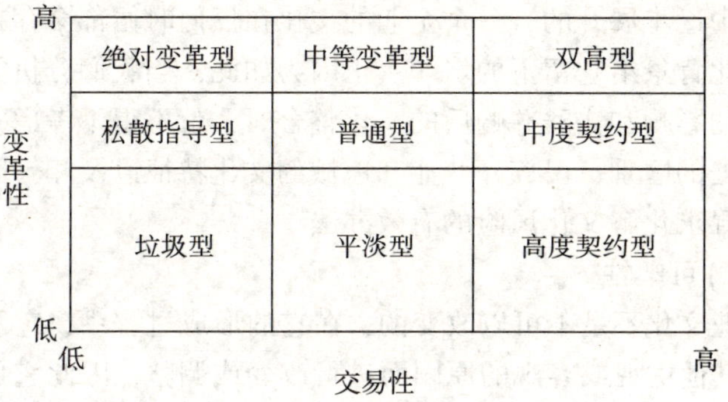

图 2-3　Bass 的九种企业文化类型

但激励个人作出贡献、员工士气高）、董事会制度的文化（控制权在董事会，管理者去执行，授予员工不同的地位）、一致通过制度文化（高级经理参与实现企业战略，员工可以参与管理）、自治文化（强调员工个体完成自己的任务）。

从以上研究可以看出，企业文化好比人的个性，不同企业拥有不同的文化气质，不同企业的文化可以参照一定的标准归入某一文化类型，但我们更应该认识到，对企业文化类型划分的真正目的并不在于对它们进行非此即彼的归类。事实上，由于文化本身的复杂性，我们并不能绝对地把某一企业的文化归入某一类型，只能说该企业在文化特质上更倾向于符合哪一类型的企业文化。因此，区别企业文化类型的真实目的是为了说明企业文化差异性的客观存在，要注意并购企业在实施并购前充分了解对方文化，并购后则要针对文化差异采取恰当的整合措施，避免因文化差异带来的消极文化冲突而导致并购失败。

三、企业文化的特征分析

（一）历史性

企业文化伴随着企业的诞生而产生，并不断走向成熟，这一过程是漫长的，具有相对稳定性。同时，企业文化又在实践中不断发展、丰富和弃旧创新。企业文化的这个历史过程是在较大的社会文化背景中逐步展开的，一个企业的文化在任何时候都会存在一定的社会文化背景给它留下的烙印。正因为如此，当我们分析文化对企业业绩的影响和实践并购后的文化整合时，就不得不考虑并购双方各自所处的国别、民族、产业和地域的文化特征以及相互间的差异性，以寻求化解文化风险的有效办法。

（二）可塑性

企业文化不是不可以改变的，在它的形成过程中，它不止一次地随着其他主观或客观的原因而进行改变或调整，因此它可以被重新塑造或再造，具有可塑性。因此，当企业文化出现危机或企业重组时，人们可以根据调整后企业的要求，发挥巨大的能动性和创造性，去塑造优秀的企业文化。具体说来，企业文化是通过不断的扬弃、克服、批判、继承、融合而发展变化的，这是一个动态的过程。

（三）人本性

企业文化的核心是企业的成员所共同拥有的基本价值观和信念。企业文化管理的根本目的就是以人为本，通过培育和发展文化的力量以充分调动人的积极性和创造性。换言之，文化可以成为一个企业的竞争优势的来源。

（四）异质性

这一特点决定了整合的必要性，企业文化通常被看做一个企业或企业管理的灵魂。每个企业在其历史的演进过程中都会形成自己独特的文化，企业并购及其整合中的大量冲突常常就源自这种文化的异质性。企业的异质性也体现在企业文化的异质性上。企业文化的异质性是在每个企业特殊的历史过程中形成的。文化的异质性不仅体现在企业文化的差异上，而且体现在企业生存发展的国别、民族、产业及地域中的文化差异上。各个层次的文化差异都会对并购整合产生重要的影响。企业的异质性也体现在企业文化的异质性上。企业文化的异质性是在每个企业特殊的历史过程中形成的。由于每个企业所处的社会文化背景和地理位置的不同、初始的物质资源和知识资源条件的不同、历史上成功和失败的经验教训不同等，不同的企业就会形成不同的文化特质，形成企业间文化的差别。即使是同处一个国家、一个产业且物质条件也基本相同的企业，由于其特殊的历史演进历程，也会形成有一定区别甚至大相径庭的企业文化。

（五）凝聚性

企业文化为企业员工确立了一种共识——共同的价值观念和信念，从而由此产生出一种共同的责任感。它使企业员工相互之间能有更多的共同目标、共同精神和共同语言。共同目标、共同精神、共同语言在企业中又可以形成强大的向心力和凝聚力。优秀的企业文化就像一种精神“黏合剂”，使企业员工的目标、理想维系在同一价值目标和社会责任上，从而能为一个共同的愿景而团结在一起，产生出强大的集体力量。

（六）整合性

企业文化是多维度、立体的和有机的系统，对企业文化的研究就是进行整体的、综合的研究，力图揭示企业内各系统所形成的“集体力”、结合力的内在机制。“整合”就是事物有机结合的整体。企业文化的整合性主要体现在它不仅仅研究企业价值观、企业目标、企业精神、企业制度、企业哲学、企业道德等方面，而且还把企业环境、文体活动等方面的东西也纳入自己的体系之中，其中不仅包括企业风气和传统、习惯，而且还包括共同道德规范和行为准则以及更高层次的企业精神和价值观等。它不仅为企业领导和管理者提供理论依据和工具，而且还为普通职工的积极工作创造良好气氛和有利条件。由于企业文化的上述特征，特别是它的历史性及由此形成的异质性和难以复制的特征，通过企业文化培育企业的核心能力，可能正是许多企业可以选择的一种“能力竞争”战略。

四、企业文化的分层理论

关于企业文化的分层理论，不同学者有不同看法。总体而言，可归为“二层次说”、“三层次说”和“四层次说”这三类，比较有代表性的有：

（一）二层次说：约翰·科特的“文化二层次”论

约翰·科特（John Kotter，1997）根据所谓社团组织型文化的可察觉性特征和这些文化对文化改革的抗性特征，将企业文化划分为两个不同层面。在较深层次的不易察觉的层面，文化代表着基本价值观念，这些价值观念是一个人类群体所共有的即使这一群体中成员不断更新，文化也会得到延续和保持。在不同的企业组织中，这些企业生活的重要的观念差异极大。在这一文化层面，企业文化的改革难度极大。究其原因，部分在于企业成员没有真正认识到那些使他们凝聚在一起的企业价值观念。而在较易察觉的层面，文化体现了企业的行为方式或经营风格。新聘用的员工在同事们的鼓励下，会自觉仿效这些行为方式或经营风格。在这一层面上的企业文化改革虽然也很困难，但没有基本价值观念层面的改革那么艰难（如图 2-4）。

难于观察　　　　难于观察

共同的价值观念：企业中多数成员共同拥有，能形成企业行为方式，即便企业成员改变，也会长期存在的重要目标和切身利益。

例如：经理人员操心顾客的数量：总经理们热心于长期债务问题。

部门行为规范：由于企业成员将行为规范（含共同的价值观念）传授给新企业成员，同时企业实行顺者昌逆者亡的措施。企业形成能延续的共通、普遍行为模式。

例如：企业员工对顾客需求反应敏捷：经理人员经常让员工参与经营决策。

易于观察　　　　易于观察

图 2-4　科特的企业文化二层次结构

（二）三层次说：沙因的“文化三层次”模型与多德的“文化三层次”说

1. 沙因的“文化三层次”模型

沙因（Schein，1984）将组织文化区分为三个层次：一是表层文化，包括一些可见可区分的事实，如成员的行为模式，许多有形的但具有象征性标饰意义的事物，如企业使命说明、口号标语、英雄榜样的轶事传说、礼仪典章规范与习惯，以及物质环境等可以感知的软件和硬件等。二是中层文化，包括这个群体或组织共同支持、信奉与提倡的价值观、原则、宗旨与信念，是对上层文化所含内容的解释与说明。三是核心层文化，即人们外显行为的潜在的基本假设(如图 2-5)。

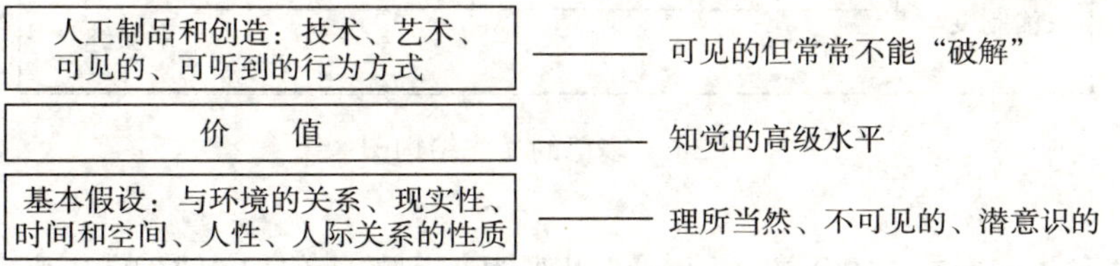

图 2-5　Schein 的组织文化模型

2. 多德的“文化三层次”说

美国传播管理学家多德(C. H. Dodd，1998)的文化结构模型包括三个层面，最外层是制度层面，是人类在改造自然的过程中形成的人与人之间的关系以及规范化了的经济、政治、教育等各种制度和体制中间层代表在外层制度下进行的反映文化的活动，如文化规则和习俗、文化角色、艺术表达、技术与物质文化内核是精神层面，即人类在改造自然、塑造自我过程中形成的价值观念、合理状态、思维方式、审美情趣、道德风尚、宗教信仰、民族习性等(如图 2-6)。

(三)四层次说

1. 霍夫斯坦德的“洋葱理论”

在霍夫斯坦德(Hofstede，1996)的“洋葱理论”中，第一层即处于最外层的是符号，是人的肉眼可以看见的东西，如服装、语言、建筑物等；第二层是英雄人物性格，即人们所崇拜的英雄人物性格折射出整体文化的性格，如法国的阿斯蒂利克斯、俄国的保尔·柯察金、中国的雷锋等；第三层是礼仪，即处理人与人以及人与自然的独特方式。霍夫斯坦德认为，符号、英雄、礼仪都可以归结到

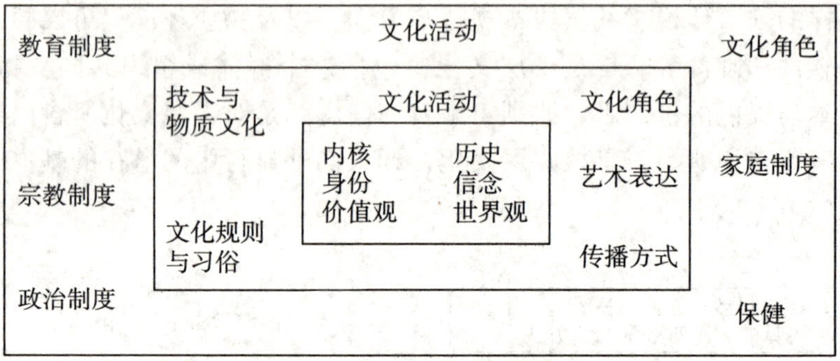

图 2-6　多德的文化结构图

“实践”一项。“实践”本身是可以观察得到的，但“实践”的文化意义却是无形的，全靠这一文化圈内的人通过实践去确切地表达出来。第四层即最里面的一层是价值观，它是核心部分，是指人们喜欢某事态而不喜欢其他事态的一种普遍倾向性，是文化中最深邃、最难理解的部分(如图 2-7)。

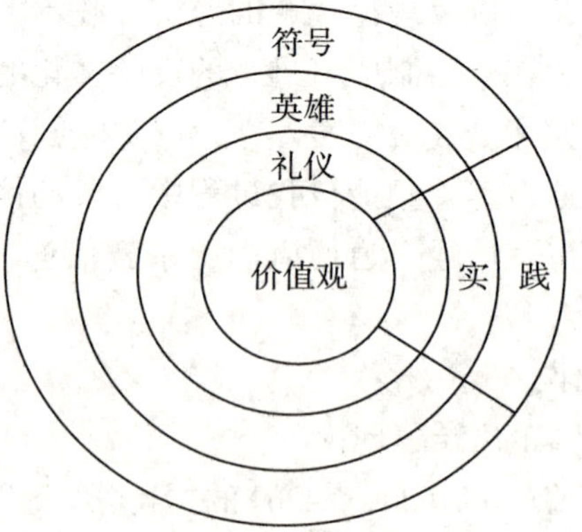

图 2-7　霍夫斯坦德的“洋葱理论”

2. 刘光明的“文化四层次说”

国内学者刘光明(2000)认为，企业文化由四层构成，即物质层、行为层、制度层和精神层。

物质层处于企业文化的表层，包括企业生产的产品和提供的服务以及企业创造的生产环境、企业建筑、企业广告、产品包装和设计等。行为文化处于企业文化的幔层或浅层，是指企业员工在生产经营、学习娱乐中产生的活动文化，包括企业经营、教育宣传、人际关系活动，以及文娱体育活动中产生的文化现象，它是企业经营作风、精神面貌、人际关系的动态体现，也是企业精神、企业价值观的折射。制度文化处于企业文化的中层，主要包括企业领导体制、企业组织机构和企业管理制度三个方面。精神文化处于企业文化的核心层，是指企业在生产经营过程中，受一定的社会文化背景、意识形态影响而长期形成的一种精神成果和文化观念，包括企业精神、企业经营哲学、企业道德、企业价值观念、企业风貌等内容，是企业意识形态的总和，是企业物质文化、行为文化的升华，是企业的上层建筑(如图 2-8)。

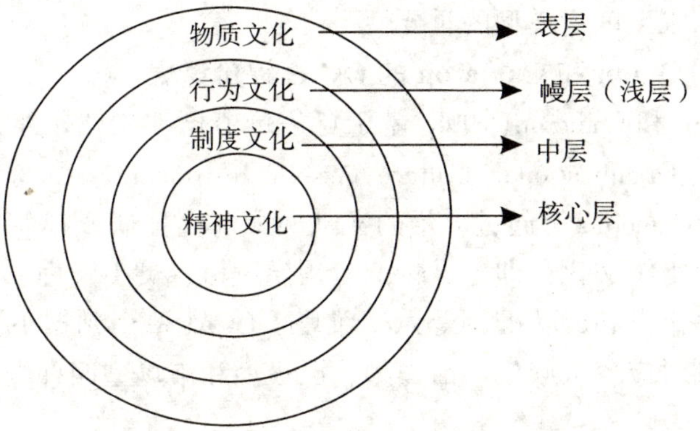

图 2-8　刘光明的企业文化结构示意图

五、企业文化的测评理论

就企业文化的评价研究方法来看，目前国内外关于企业文化测量的工具与方法呈多元化的格局，引人关注的评价方法主要有以下几种：

（一）Chatman 的 OCP 量表

O'Reilly，Chatman 和 Caldwell（1991）等构建的组织文化剖面图（Organizational Culture Profile，OCP）。该图非常详尽，最初的 OCP 包含 54 个价值评价项目，以及创新性、关注细节、结果导向、进取性、尊重员工、稳定性、团队导向和决策等八个维度。OCP 采用 Q 分类自比式计分方法，是少数提供了可靠性和有效性细节的测量工具之一。

（二）Hofstede 的企业文化量表

Hofstede（1990）认为，组织文化由价值观和实践两个部分组成，其中价值观是核心，而实践由表及里地又可以分为象征和仪式等。其中，价值观部分由三个独立维度组成，包括对安全的需要、以工作为中心和对权威的需要，而实践部分则由六个独立的成对维度组成，包括过程导向—结果导向、员工导向—工作导向、本地化—专业化、开放—封闭、控制松散—控制严格、规范化—实用化。通过实证分析，Hofstede 强调了在实际应用中，组织文化实践部分的六维度度量模型的重要性。

（三）Quinn 和 Cameron 的 OCAI 评价量表

Quinn 和 Cameron（1998）基于竞争价值框架构建了组织文化评价量表（Organizational Culture Assess Instrument，简称 OCAI）。Quinn 和 Cameron 等通过大量的文献回顾和实证研究提炼出六个判据来评价组织文化，即主导特征、领导风格、员工管理、组织凝聚力、战略重点和成功准则等六个维度。OCAI 每个判据下有四个陈述，分别对应着宗族型、活力型、层级型和市场型四种类型的组织文化。

（四）Denison 的 OCQ 问卷

Denison（1995）等构建了一个能够描述有效组织的文化特质模型，该模型认为有四种文化特质与组织有效性有显著相关，即适应性、使命、一致性和投入。其中每种文化特质对应着三个子维度，在此基础上设计出组织文化问卷量表，包括 60 个测量项目。

（五）郑伯壎的 VOCS 量表

郑伯壎认为以往个体层面上的组织文化测量研究缺乏相应的理

论架构，他于1990年在Schein(1985)的企业文化研成果的基础上构建了VOCS(Values In Organizational Culture Scale)量表，共分为九个维度：科学求真、顾客取向、卓越创新、甘苦与共、团队精神、正直诚信、表现绩效、社会责任和敦亲睦邻。他认为，组织文化是一种内化性规范信念，可用来引导组织成员的行为。

第三节 并购企业文化整合理论

一、并购企业文化整合的含义

不同文化背景的企业并购后，一种共同的企业文化不会自动产生，潜在的文化优势也不会自动形成并发挥作用，还必须在创立一种新的整体文化与原有企业文化之间寻求一种平衡，这就要求进行企业文化整合。“整合”作为一个文化学范畴，是从生理学和思维科学中引进的。在生理学研究中，“整合”是指生命有机体或细胞中各组成部分在结构上组织严密、功能上动作协调，组成完整的系统，具有结合、综合、融合、一体化等含义。在认识论研究中，整合又被赋予了特定的含义，即“整合”是指一个知识被系统地吸收到认知结构中的过程。从哲学角度讲，企业并购仅仅是企业发展的外因，而企业文化整合才是其内因，外因通过内因而起作用。

关于并购中企业文化整合的含义，国内外学者提出了许多不同的看法。国外学者Nahavandi(1993)认为企业文化整合是解决企业并购中文化冲突的过程；Berry(1998)将企业文化整合定义为两个企业并购后，解决由于直接接触而产生的矛盾的过程。国内学者对企业文化的整合主要有以下几种观点：李建华(2000)认为，文化整合即将若干种不同的文化质，经过合并、分拆、增强、减弱等方式，形成一种新的文化质；徐彬(2000)认为，企业文化整合从广义上讲是指企业生态系统的再造，企业生态系统包括企业最高价值观、战略、结构、制度、技能、人员和作风，其中战略、结构、制度、作风的整合事关全局；齐艳秋(2001)认为，企业文化整合既是一个文化变迁的过程，也是文化再造和文化创新的过程；谢作渺

(2002)认为，企业文化整合是指企业主动整合企业内外部资源，实现对多文化环境与多元化员工的同化，建立起具有独特性、主动性、发展性和层次性特征的企业文化管理的结构和体系，形成良好的文化氛围，促进企业取得经济和社会效益。

综上所述，并购中的企业文化整合应具有双重内涵：一方面，如Nahavandi(1993)和Berry(1998)的定义，它是解决并购中由于不同企业文化间的差异可能导致的文化冲突的过程，这是企业文化整合的一般性含义；另一方面，它也是以并购双方原有文化为基础进行扬弃、创新，形成结构严密、功能协调的新文化的过程，这是企业文化整合的深层内涵和实质所在。这两个方面的内涵是辩证统一的，它们是同一企业文化整合过程中的两个不同方面，通过企业文化冲突的解决，并购企业形成了统一的新文化，而并购企业统一的新文化的形成也有效地解决了并购双方企业文化间的冲突。

二、并购企业文化整合的内容

并购企业文化整合的内容包括以下四个层面的整合：

(一)企业物质文化整合

企业文化作为社会文化的一个子系统，其显著的特点是以物质为载体，物质文化是其外部表现形式。物质文化的直观性能够帮助员工加深理解企业文化的内涵，帮助他们形成团体意识并产生对并购企业的认同感。优秀的企业文化是通过重视产品的开发、服务的质量、产品的信誉和企业工作环境、文化设施等物质现象来体现的。如工作环境的好坏直接影响员工的情绪与心理。企业如果绿化好、环境清洁整齐，不仅可以激发员工的自豪感和凝聚力，而且可以直接影响员工的工作效率。因此，优秀的企业特别注重为员工创造优美的工作环境，并把它作为企业文化建设的重要内容，作为调动员工积极性的重要手段。因此，物质层面的文化整合也是极有必要性的。并购企业应在员工服饰、企业建筑物、企业标志物、厂房设备、工作环境等方面作出相应调整，以配合更深层次的文化整合。

（二）企业行为文化整合

企业行为文化是指企业员工在生产经营、宣传教育、学习娱乐中产生的活动文化，它是企业精神文化与制度文化的动态反映。它所引发的冲突较容易改变，是企业在生产经营中逐渐形成的一系列基本行为模式，如企业员工的着装打扮和言谈举止、习俗和礼仪、工作风格和工作技巧等。这些都可以通过学习、教育、训练加以改变，但它受企业价值体系的支配，是企业价值观的操作化和实践化。整合人员应积极引导员工尽快熟悉新的生产经营方式和学习娱乐方式，营造和谐的人际交往关系，使之反映新企业的精神面貌和价值理念，使员工尽快融入新的工作团体。

（三）企业制度文化整合

制度文化是企业的制度规范，即是一种约束企业及企业员工行为和规范性文化，包括领导体制、企业组织结构、企业管理制度三个方面。它对企业倡导的价值观体系的实现起到保障和促进作用，并进一步转化为指导操作的行为准则和规范。企业并购后，组织形态的变化要求对双方企业领导机制、组织机构和管理制度等作出相应调整。由于制度变动涉及个人或团体利益的调整，因此，整合人员应以坚定而谨慎的态度推进制度文化的整合。

（四）企业精神文化整合

精神文化是企业文化的内核，并购双方在核心价值观上的冲突是文化冲突的根本来源。因此，精神文化整合是并购企业文化整合的核心部分。企业精神文化是包含于企业群体内，具有导向、激励、内聚、自控和协调能力的文化渊源。它的核心价值观念是行为的先导，是企业员工潜能发挥的催化剂，而价值观念又具有惯性和传递性。并购后的企业应根据企业发展的要求在企业精神、企业目标、企业道德、企业风尚、经营管理哲学、领导观念、思维方式等方面作出调整。由于物质文化、行为文化、制度文化和精神文化由表及里、由浅入深依次展示了企业文化的不同层面，因而，从纯理论的角度来看，并购企业中的文化冲突和文化整合也可能呈现出一个依次递进的过程，即首先表现为物质层的文化冲突与文化整合，然后依次是行为层、制度层、精神层的文化冲突与文化整合。但在现实过程中，由于多种因素的作用，并购企业中的文化冲突与文化整合并不会严格按照这一逻辑次序来进行，而是表现出交替进行、复杂多变的特点，这就增加了整合工作的难度。

总之，企业文化是观念文化、制度文化、行为文化和物质文化共同构成的一个有机体。企业文化的整合必须根据企业文化所处的层次充分认识到每种文化冲突的大小、强弱及易变程度，采取适当的应对措施，从而顺利实现企业文化整合战略，实现企业预期的并购目标。

三、并购企业文化整合的相关理论分析

(一)企业文化与经营业绩的相关性理论

企业文化对长期经营业绩有以下重要影响：(1)文化的价值在于企业文化可以创造利润。(2)并且预言，企业文化在下一个10年有可能成为决定企业兴衰的重要因素。(3)企业文化对企业员工的行为和企业经营业绩产生着巨大的影响，特别是当市场竞争激烈的时候更是如此。这种文化的作用甚至大于经营策略、企业组织结构、企业管理体制、企业财务分析手段以及企业领导艺术等其他影响企业经营业绩的因素。企业文化是决定企业经营业绩的一个重要变量。将企业文化作为决定并购绩效——实际价值创造的一个关键变量纳入并购整合理论框架的基本依据。(4)企业文化尤其是企业的基本价值观念尽管不容易改变，但它们完全可以转化为有利于企业经营业绩增长的企业文化。这种转变需要最杰出的经营管理能力和不同的领导才能。这种领导才能必须具有明确现实的洞察力，清楚哪一种文化可以促进企业经营业绩的增长。

关于企业文化与经营业绩的研究还有密歇根大学工商管理学院的Cameron发表了《文化的和谐、力量和类型：关系与效益》的研究报告。他们用现场调查的方法，以334家研究机构为样本，研究了文化整合、文化力量和文化类型与组织效益之间的关系。组织文化通过影响人力资源的管理实践、影响组织气氛，进而影响员工的工作态度、工作行为以及对组织的奉献精神，最终影响组织的生产效益。其中，人力资源管理对组织效益也有着直接的影响。

企业文化理论反映企业作为一个文化实体来研究的理论，它的实质是以人为中心，以文化引导为根本手段，以激发员工的自觉行为目的的独特文化现象和管理思想。实际上，并购及并购整合过程中的大量冲突应来自于企业间文化的异质性。同时，由于文化是趋于整合的，因此，通过并购整合过程中有效文化整合，就有可能克服、避免和引导并购中因企业文化的异质性而产生的文化风险，进而促进组织成长。

(二)并购中价值创造理论

在以价值创造为目的的战略并购中，并购整合过程就是价值创造的过程。而并购交易本身并不创造任何价值，它只能实现价值的转移或分配。换言之，没有整合，并购过程就不会有价值创造。因此，并购企业的整合不仅要获取资源、控制权，而且还要通过文化整合，获取并购企业成长所需要的无形资源，进行以企业文化为中心的无形资源整合，并通过重组和协同这两种主要方式来创造价值。重组是运用市场机制，并购价值主要是从被并购企业本身创造出来的。协同则是通过并购双方的资源共享、能力和知识的转移来创造价值，也就是通过对双方的调整和合作实现新增价值。

在知识经济时代，无形资产正在成为企业价值创造的主要驱动因素。而且，无形资产是围绕创新、组织和人才这三个连接点形成，并在企业价值创造过程发挥作用的。其具体体现在企业的探索能力、组织资本和人力资本等三方面。它包括技巧、知识、关系、文化、声誉以及能力，与企业的有形资源一样，都是稀缺的，都代表了企业为创造一定的经济价值而付出的投入。

(三)组织匹配性论

组织匹配性是分析并购双方在企业文化、制度方面的匹配程度对并购过程和并购绩效的影响。其主要研究内容和研究结论包括：第一，企业文化的影响。管理层作为企业文化的创造者、传播者和体现者，其价值观的综合体现——管理风格是企业文化最重要的组成部分。双方管理风格的差异是取得并购成功的主要障碍。因此，应该在并购前详细地分析双方在管理风格方面的差异，主要包括：风险偏好、回报周期、权力结构的配置、职能侧重、利润分配。管理风格的差异很有可能是并购不能实现预期目标的主要原因，并在管理思路和价值观方面的差异造成了很多整合问题。企业文化差异对并购绩效的不良影响，主要是因为它可能造成一些问题，需要花费时间、精力去处理，比如双方的“敌意”和“严重的不舒适感”以及普遍存在的相互不信任，更为严重的后果是，一些不堪忍受冲突之苦的关键管理和技术人才离开企业；即使不离开，这种不良气氛也会使员工情绪低沉、工作不积极甚至消极怠工。第二，报酬和评估系统的影响。这明确了员工与所在组织之间的交易关系，包括：评估的时间跨度；业绩指标；报酬的形式与结构，因所在市场、所在行业特征、企业战略，在各个企业之间差异较大。一个已经适应了一种报酬系统的员工，比如喜欢低工资、高奖金，就很难适应高工资、低奖金的报酬系统。所以，如果强行以并购企业的报酬系统代替被并购企业的报酬系统，不能适应这种转变的员工可能会因此而离去。另外，考虑到报酬和评估系统是强化企业文化的手段，那么在整合中任何对现存系统的改变或强行替换成新的系统都会激起强烈的反应。即使对系统会如何修改做些推测，都足以会引发焦虑感和冲突，破坏并购业绩。

组织匹配性的研究表明，并购双方的不匹配有较大可能引发被并购企业员工与并购企业及其员工的冲突，导致关键管理、技术人才的流失，这对于协同的实现是非常不利的。

(四)企业并购效应与企业文化协同理论

追求规模效应是促使企业并购的基本动因。企业并购的规模效应指企业通过并购而提高效率，达到 1+1>2 的效果。对这种规模效应的解释，传统理论大都从经营协同或管理协同角度进行。所谓经营协同，是指由于机器、设备、经营支出等方面的不可分割性或分割的不经济性，通过并购可提高优势互补和整体能力，从而实现规模经济，管理协同则强调不同企业管理效率存在差异，效率高的企业可通过并购低效企业并提高其管理效率而获得规模效益。应该说，经营协同和管理协同是并购企业获取规模效益的重要因素，但不是全部。企业文化对企业并购具有深层次的影响，而这种影响正是通过文化协同效应实现的。顺利地实现文化整合，是提高文化协同效应进而获取规模效益的重要保证和有效措施。

协同是最具战略意义，也是最基础的方式。协同的概念自从由美国专家安索夫(Ansoff，1979)用来解释企业多元化发展之后，迅速成为战略管理中的重要理论工具。在20世纪80年代初，协同被引入到并购研究，作为相关性、战略匹配性的理论基础。相关性着眼于企业的内部经营，关注的是双方是否能够共享某些流程以及是否存在技能转移的可能性。而战略匹配性关注的是并购能否改善并购企业或者合并后的新企业对市场的适应能力，所遵从的战略框架包括产品—市场、SWOT等。协同关注并购中的软性因素，主要包括在管理风格、评估与报酬系统、组织结构与组织文化等方面的协调程度。协同是创造价值的主要源泉，分为有形协同和无形协同两类。有形协同指的是调整双方的业务流程来共享有形资产，借助规模经济性、范围经济性以降低成本，具体包括销售协同、运营协同、投资协同以及财务协同；而无形协同主要是通过无形资产的转移来创造新增价值，包括管理和职能技能的转移。另外，并购带来的市场力增强也属于此类。

(五)企业文化变量理论

企业文化整合是指企业在并购过程中将相异或矛盾的文化特质在相互适应、认同后形成一种和谐、协调的文化体系。因此为了使企业文化整合的研究更加深入，必须界定企业文化的各种变量，以便我们在认清文化变量的基础上对企业进行评估，进一步区分哪些变量是关键变量，然后有针对性地对关键变量进行整合。关于企业文化变量研究成果有：美国著名企业管理咨询组织麦肯锡公司几位专家提出7S变量理论。他们将战略(Strategy)、结构(Structure)、制度(System)、风格(Style)、人员(Staff)、共同价值观(Shared Values)以及技能(Skills)看做企业文化这个函数的7个变量，而且是相互关联的，战略、结构、制度三者是“硬性的S”，而风格、人员、共同价值观以及技能是“软性的S”。

(六)整合过程观理论

整合过程观的代表人物之一是Jemison和Sitkin。整合过程观是用动态的观点来考察并购，Jemison 和 Sitkin(1986)认为企业并购绝非一次性的购买行为，而是一个持续整合的过程。并购交易本身并不创造任何价值，它只是实现了价值的转移或再分配。并购的价值创造是通过整合过程来实现的，没有整合，就不会有并购的价值创造。他们还认为，战略匹配性虽然重要，但并不能充分解释并购，应进一步研究并购"过程"。这里的并购过程既包括"重组"，也包括"协同"。其中"重组"是指并购交易过程，它通过运用市场机制，将并购企业中的某些业务部门转让给更合适的买家而获益；"协同"则是指并购后的整合过程，它通过并购双方经营业务的相关性和战略匹配性，实现并购的价值创造。Jemison 和 Haspaslagh (1991)在此基础上进一步明确指出，并购的价值都是在并购交易后创造出来的，应加深对并购后的整合过程的研究。也就是说，无论并购动机是什么，比如获得协同效应、进入新市场等，最终都必须通过整合工作来付诸实现。Haspaslagh 还表示，并购整合中要综合考虑战略匹配与组织匹配。战略匹配决定了特定并购的价值创造潜力，组织匹配则决定了实现潜在价值创造潜力的程度。Bruce 和 Joseph(1991)认为，并购成功与否不仅仅是依靠被并购企业创造价值的能力，而且在更大程度上依靠并购后的整合。Shrivastava (1996)指出，并购合约签订后，在管理制度、经营业务与组织文化等方面，并购公司缺乏协调与解决并购双方间差异与冲突的整合措施，是造成并购战略失败与并购后经营业绩不佳的主要原因。Sirower(2001)也认同并购后整合不完善是造成许多并购和重组失败的主要原因的观点。他还进一步指出，为了实现并购企业的潜在价值，努力避免以下五种普遍错误显得十分重要：(1)一旦交易达成，高层管理人员未能进一步付出努力推动整合；(2)不能作出艰难而又十分必要的决策；(3)不能解决文化冲突；(4)不能对于整合流程投入必需的专业人才；(5)因缺乏重点而忘记了客户或竞争对手。而成功的并购整合需要达到四个目标：为新组成的公司制订长远的规划；寻求和实现价值创造增加收入；降低成本，推动整合；减少对现有业务的影响建立新的组织结构。

第四节　综合评价相关理论

一、综合评价方法比较分析

评价是决策的前提，评价的核心任务是“选择”。没有确切的度量，就没有合理的选择，即没有评价就没有决策，评价的“质量”直接影响到决策的“质量”。正因为评价具有重要的地位，所以才有国内外的大批学者对其不断地研究和探索，也才有了今天许多的评价方法。从总体上可将目前国内外常用的综合评价方法分为以下几种：层次分析法、灰色综合评价法、数据包络分析法、人工神经网络评价法、模糊综合评价法等(王宗军，1998)。

(一)层次分析法是一种实用的多准则决策方法

层次分析法(Analytic Hierarchy Process，AHP)是20世纪70年代由著名运筹学家T. L. Saaty提出来的，它的基本原理是根据具有递阶结构的目标、子目标(准则)、约束条件及部门等来评价方案，用两两比较的方法确定判断矩阵，然后把判断矩阵的最大特征与相应的特征向量的分量作为相应的系数，最后综合出各方案各自的权重(优先程度)。该方法作为一种定性和定量相结合的工具，目前已在油价规划、教育计划、钢铁工业未来规划、效益成本决策、资源分配和冲突分析等方面得到了广泛的应用，它是一种测度难于量化的复杂问题的手段，在复杂的决策过程中引入定量分析，充分利用两两比较给出偏好分析与决策支持，既有效地吸收定性分析的结果，又发挥了定量分析的优势。但是层次分析法一般不超过9个因素，对于因素众多的问题，进行两两比较的难度很大，它一般仅用于方案优选，并要求评价者对问题的本质把握得非常透彻。其另一个缺点是决策者的主观影响很大，判断失误可能造成无法弥补的后果。

(二)灰色综合评价法是一种定性、定量分析相结合的分析方法

它是采用某一指标为标准，其他指标相对应标准指标之间的距离来评判。它可以很好地解决评价指标难以量化和统计的问题，可

以排除人为因素的影响。其计算过程简单，样本量少时仍可使用，但要求样本具有时序特性。与数据包络分析法相同，它只反映因素的相对优劣，不反映实际水平。另外，该方法仍然需要权重分配，权重的选取会给分析结果带来很大影响。

（三）数据包络分析法是根据输入和输出数据对同类决策单元进行相对效率与效益的评价

该方法剔除了人为因素的干扰，只对客观信息进行评价。它的优点是利用窗口技术找出单元薄弱环节加以改进，可以评价多输入、多输出的大系统。它的缺点是只反映相对效率，无法反映实际的情况。

（四）人工神经网络评价法是一种交互式的评价方法

该方法可以根据用户的要求不断修改指标权重，降低了专家评判的主观性，能对多指标综合评价问题给予客观评价。它能够处理非线性、非局域性的大型复杂系统。它的缺点是需要大量的训练样本、精度不高、应用范围较窄，并且模型隐含、计算复杂，影响效率。

（五）模糊综合评价法是利用模糊集理论进行评价的一种方法

利用模糊关系合成的原理，从多个因素对被评价事物隶属等级状况进行综合性评判的一种方法。它克服了传统数学方法结果的单一性缺陷，包含丰富的信息，并且方法简单宜用，符合东方人的思维习惯，比较适用于经济系统问题评价。它的缺点是不能解决评价指标简单重复的问题，隶属函数没有系统的方法确定，并且不可避免地带有人的主观念性。评价的准确性依赖于合理选择因素、权重和综合评价的因子。对于因素过多、权重过小的问题采用多级模糊综合评判的方法加以克服。

二、企业文化综合评价方法

（一）CMAS 评价方法

CMAS 评价方法是北京仁达方略管理咨询有限公司在借鉴荷兰学者 Hofstede 的企业文化分析方法和维度划分的基础上开发出的中国第一套系统性的企业文化诊断和评价的方法和工具——“企业文

化诊断和评价系统”(Corporate -Culture Measurement and Assessment System, CMAS),它包含了12个维度(Dimensionality)和33个要素(Factor),形成了完整的评价矩阵。CMAS企业文化诊断和评价系统采用定性研究和定量分析的方法,采用问卷调查(含问卷和量表)、深度访谈、历史资料回顾以及公司文件研究、产业发展研究与行业研究、现场调查等方式,通过对关键文化特性的分解,把文化特性与企业管理的核心要素、企业管理行为及员工的行为联系起来,从多方面各个角度诠释企业文化与企业经营管理之间的关系,提供了直观的测量工具和模型。

CMAS评价方法对电力、石油、房地产、航空航天、制造、旅游、IT等多个领域进行企业文化研究,专门诊断评估企业文化的系统,并且在多年的实践后,证明具有良好的信度和效度。运用该方法可以达到以下目的:熟悉并了解企业当前的组织氛围、员工态度与企业文化状况,对目前企业文化优势和不足作出基本评价;与行业平均企业文化水平或者其他经营业绩好的公司企业文化进行比较分析,根据企业所期望的业绩确定企业文化变革目标;明确企业文化变革的短期、中期和长期目标与任务;提高领导者个人对企业文化的认识,进一步引导他们积极发挥企业文化的作用。

(二)模糊综合评价

模糊综合评价方法可以评价需要多个因素衡量的事物,包含丰富的信息,并且方法简单宜用,符合东方人的思维习惯,比较适用于经济系统问题评价。计算相对于其他评价方法较简单,也不需要大量的训练样本,只要赋予合适的权重评价效果就可以达到。CMAS方法虽然在企业文化评价中有很好的可信度,但是在对各个要素得分做平均处理的时候,没有分析不同要素间的差异,并且没有系统的理论支持,不太科学。模糊综合评价是借助模糊数学的一些概念,对实际的综合评价问题提供一些评价方法。对于一些需要用多指标刻画本质的事物的评价,不能用简单的好与坏来合理评价,而模糊综合评价方法正是以模糊数学为基础,应用模糊关系合成的原理,将那些边界不清、难以定量的因素定量化,从多重因素对被评价对象隶属等级状况进行综合性评价。模糊综合权重的确定方法目前应用较多的有德尔菲法、两两比较法、层次分析法、矩阵运算法、主因素分析法及专家估测法等。模糊综合评价方法的优点是可对涉及模糊因素的对象系统进行综合评价，而且更加适宜于评价因素多、结构层次多的对象系统(王宗军，1998)。

本研究主要采用模糊综合评价方法来综合评价与并购企业文化整合前文化风险评价和文化整合后的企业文化整合目标综合评价等方面的问题。

第三章　并购企业内部的文化冲突

第一节　并购企业的企业文化特性

一、价值观多样性

跨文化企业员工一般都具有多样化的价值观念和复杂的信念结构，尤其是在跨文化企业成立之初，这种特点尤其明显。来自不同文化背景中的员工各自具有不同的价值观和信念，由此决定了他们具有不同的需要和期望，以及不同的行为规范和表现。这不仅增加了企业管理的难度，而且也使得统一的新企业文化的建立困难重重。

二、经营方式与经营思想的冲突性

跨文化企业的管理员工因为来自不同的文化背景，这种企业内部在一定程度上仍然保留着各自的民族文化习惯，这就使得同一个跨文化企业内有些行为规范与习惯是互补的，而有些则是相互冲突的。甚至有些管理员工对待员工还会表现出某种程度的民族中心主义或某种非理性反应，从而引起纠纷和冲突，造成管理不力。

三、经营环境的复杂性

跨文化企业所面临的经营环境错综复杂，主要表现在不同社会制度、不同企业文化模式下的企业员工上，在管理目标的期望上、经营观念上、管理协调的原则上、管理员工的管理风格上也存在明显的差异性，这些差异在无形中会导致企业管理中的混乱和冲突，使决策活动更加困难。

四、文化交融性

来自不同文化背景中的人们无论是在观念还是行为方式上都存在着显著的差异，这些差异只有逐步被人们相互理解和认识，进而产生关心、同情和认同心理，然后才能逐渐取得共识，并建立起共同的全新的企业文化。跨文化企业内部要建立自己特有的企业文化是一个漫长、曲折反复的过程。一般要经历文化接触—文化选择—文化冲突—文化沟通—文化认同—等过程而形成形成全新的企业文化。

第二节　并购企业的企业文化差异与冲突的具体表现

文化从范围上分，主要有民族文化、企业文化和个体文化。民族文化是指一个国家或民族表现出来的共有价值观念或者特征。这种价值观念是由其民族的历史慢慢形成的，民族内的每个员工从刚出生就会受到民族文化的影响。所以，民族文化差异、企业文化差异对跨文化企业管理有着许多影响。

一、民族文化差异

在跨文化企业中，不同民族文化背景的员工不可避免会产生文化误解与冲突，为了解决民族文化差异带来的问题，许多学者已经研究了这项课题。其中最引人关注的研究课题是荷兰科学家霍夫施泰德通过大量的数据分析，概括了与工作相关的文化价值观的五个方面的内容，分别是权利距离、不确定性回避、个人主义与集体主义、男性化与女性化、长期取向。

(一)权利距离

权利距离，是指在社会或组织中缺乏权利的员工对不公平的权利分配所接受的程度，在强调公平与平等的社会中，其社会与组织员工之间的权利距离较小，如美国、英国、日本等；而在强调等级的社会里，其社会与组织员工之间的权利距离较大，如中国、法国等。

（二）个人主义与集体主义

在个人主义社会中，个体之间的联系是不稳定的，人们只关心自己及家人，如美国、英国、法国等；集体主义则是一种相反的社会价值取向，在这种社会中，人们从出生之日起就被整合到具有强烈凝聚力的小群体中，并通过交换对小群体的忠诚获得保护，如中国、日本等。

（三）不确定性回避

不确定性回避，是指在一种文化中的员工对不确定性或不了解的情景感到威胁的程度。在不确定性回避程度高的国家中，如在德国、法国、中国，人们强烈地信任专家意见与知识，组织程序化规则与规范非常严格且必须遵守，在决策过程中，将风险降至最低点。在不确定性回避程度低的国家中，如在美国，人们喜欢冒风险，组织缺乏严格的规章制度，鼓励变革与创新。

（四）男性化与女性化

男性化是指在社会中性别角色具有明确的差异性，男性被认为应当果断、顽强，关注事业成功；而女性则被认为应当端庄、温顺，考虑生活质量，如在中国、日本、美国等偏男性化。女性化是指在社会中性别角色是重叠的，男性与女性都被认为要谦虚、温顺与关心生活质量，如在法国偏女性化。

（五）长期取向

长期取向也称为儒家动力论。20 世纪 80 年代后期，霍夫施泰德与香港中文大学教授迈克尔·邦德共同合作，以传统的儒家文化价值观为基础，开发出了“中国人的价值观测量表”，对包括日本、韩国、中国在内的 22 个国家和地区进行了实证性研究。他们在总结其成果的基础上，提出了儒家动力论作为霍夫施泰德的文化价值观的第五个方面，儒家动力论也称为“长期取向”的价值观。这种价值观追求的是未来的长期目标，儒家动力论指标高的国家的特征是坚韧、克己、执著、节俭、安全、和谐。

二、企业文化差异与冲突

企业文化差异与冲突体现在以下几个方面：

（一）显性文化的冲突

跨文化企业中最常见和公开化的文化冲突，是显性文化的冲突。显性文化的冲突即来自行为者双方的象征符号系统之间的冲突，也就是通常所说的表达方式所含的意义不同而引起的冲突。显性文化的冲突即文化差异在语言行为上的表现。文化差异反映到语言上，就成为语言上的差异。文化决定人的思维方式，从而决定语言的表达方式。具体有以下几方面的表现：

1. 领导职权方面

西方人受“自由平等”的思想影响，在语言行为上表现为直率、坦诚。外方企业领导者善于对下级授权，任何一个级别的部门领导，都可以在本部门的范围之内拥有决策权。而中方企业领导者讲究权利“集中制”原则，各个级别间等级制度森严，下属较多地依附于上级领导，几乎很少提出有悖于上级领导的建议。

2. 沟通与协调方面

外方领导在与下属的谈话中会很直接地指出对方的错误并坦率提出批评，这对于讲究“面子”的中国人来说是很难接受的，有时甚至会直接导致冲突的发生；而中方领导会很顾及下属的面子，批评也多采取含蓄婉转的方式进行，而下属对上级的批评也往往会心领神会，积极改进，从而双方在不伤害彼此面子的基础上把事情做好。

3. 人际关系的差异

中方员工大都注重与同事和上司保持良好的人际关系。因此，在处理很多管理问题时，大家“讲关系”、“重面子”。有时，为了照顾关系，甚至不惜牺牲企业的利益。这与外方管理者，尤其是外方管理者“对事不对人”的管理理念形成了鲜明的对比。这体现了中方管理者和外方管理者在集体主义和个人主义价值观上的差异。

（二）价值观的冲突

价值观是指人们对事物的看法、评价，是人们信仰、价值、心态系统中可以评价的方面。不同文化背景下的人对工作目标、人际关系、财富、时间、风险等观念不尽相同。

荷兰跨文化管理专家斯特罗姆佩纳斯将价值观分为：通用—特定价值观、个人—集体导向价值观、中立—情感价值观、具体—扩散价值观和成就—因袭价值观等五个维度来进行研究，每一个维度代表一个方面的价值观。中方员工重视特定价值、集体导向价值、中立价值、扩散价值和因袭价值等价值观；而外方员工则表现为通用主义、个人主义、情感价值、具体型和成就取向等价值观。

(三)制度文化的冲突

制度文化体现于企业经营的外部宏观制度环境与内部组织制度之中。来自发达国家的管理员工，例如外方员工，一般是在法律环境比较完善的环境中开展经营与管理，通常用法律条文作为行动依据；而中方员工，尤其是国有企业员工，习惯于按上级行政管理机构的指令行事，一切按上级行政管理机构的条文、指令、文件办事和决策。

(四)经营思想与经营方式的冲突

经营思想与经营方式是文化在经济方面的具体反映，不同的文化产生不同的经营思想与经营方式。在经营思想方面，外方多数企业注重互利、效率、市场应变的思想；而中方的企业缺乏这种思想，往往较少考虑对方的获利性。而在市场经济中，外方企业讲求“以销定产”，认为行业构成、产品品种结构是由市场导向决定的；中方企业的行业结构没有完全反映出市场的需求，而是在原有工业结构基础上把产品生产出来后再寻找市场，进行推销。

(五)人力资源方面的冲突

人力资源方面的冲突体现在以下几个方面：一是在企业员工的工资调整上，中方偏重于考虑企业员工的资历、经历和学历；而外方则认为，企业员工的工资与他们所从事的企业工作性质有关，所以只有当企业员工的工作内容发生变化时，才会考虑工资的调整。二是在人才的选拔使用上。中方较注重德才兼备，重视人的政治素质、个人历史和人际关系；而外方则把员工的能力放在首要地位，量才而用。

第三节　并购企业的企业文化冲突的形成原因

当跨文化企业中存在多种来自不同文化背景的员工时，企业员工会遇到各种不同的行为和方式，并由此会产生文化冲突。其主要原因有：

一、民族中心主义

跨文化企业员工之间按本民族文化的观念和标准去理解和衡量他国文化中的一切，包括言行举止、交际方式、社会习俗、管理方式及价值观等。如果跨文化企业的管理者以这种观念对待不同文化背景的员工，他们的管理行为会遭到忌恨与反对，以至于让他们无法正常管理企业。

二、文化定型观念

对于来自不同国家、不同民族的员工用同一种文化先入为主的印象来看待，忽视个性差异，缺乏沟通与交流。定型观念使得员工不能客观地观察另一种文化，阻碍了不同文化背景的员工的相处，从而造成了跨文化企业的文化冲突。

三、沟通误会

沟通是人际或群体之间交流和传递信息的过程，但是由于许多沟通障碍，如人们对时间、空间、事物、友谊、风俗习惯、价值观等的不同认识，造成了沟通的难度，导致误会，甚至演变成文化冲突。

四、非理性反应

管理者对待文化冲突，感情用事，不能正确处理文化冲突问题，结果不断地引起员工非理性的报复，造成冲突与对立加剧。

第四节　并购企业的文化冲突处理模式

冲突处理的研究最早是由美国人布莱克和莫顿在 1946 年提出的管理方格论，他们认为管理者的领导风格可以从对生产效率的关心和对人的关心两个方面来衡量。冲突问题的理论学家将管理方格的原理应用于分析和处理人与人之间的冲突。应用和发展这一理论的代表是托马斯，他划分出冲突处理的五种典型方式：(1)竞争型策略；(2)回避型策略；(3)妥协型策略；(4)合作型策略；(5)体谅型策略。后来学者们对管理方格提出了批评，认为其未能充分考虑人际冲突过程中的相互沟通问题。到目前为止，国内外大多数学者同意并采用加拿大著名的跨文化组织管理学者南希·爱德勒的观点来解决跨文化企业中的文化冲突。他的观点包括以下三种方案：

一、凌越(Dominance)

所谓凌越是指组织内一种文化凌驾于其他文化之上，而扮演着统治者的角色，组织内的决策及行为均受这种文化支配，而持另一种文化的员工的影响力则微乎其微。这种方式的好处是能够在短期时间内形成一种统一的组织文化，但其缺点是不利于博采众长，而且其他文化因遭到压抑而极易使其员工产生强烈的反感，最终加剧冲突。

二、妥协(Compromise)

所谓妥协是指两种文化的折中与妥协。这种情况多半发生在相似的文化间，指不同文化间采取妥协与退让的方式，有意忽略、回避文化差异，从而做到求同存异，以实现企业组织内的和谐与稳定，但这种和谐与稳定的背后往往潜伏着危机，只有当彼此之间文化差异不大时，才适应采用此法。

三、融合(Synergy)

所谓融合是指不同文化间在承认、重视彼此间差异的基础上，相互尊重、相互补充、相互协调，从而形成一种融合的、全新的组织文化。这种方案认识到构成组织的两个或多个文化群体的异同点，不是忽视和压制这些文化差异。它与妥协的不同在于对待这些差异的态度不同，并能够把不同点统一地纳入组织文化内。

第五节　解决并购企业内部文化冲突的对策

对于如何跨越文化差异的障碍，并在两种文化的结合点上，寻求和创立一种双方都能认同和接纳的、发挥两种文化优势的管理模式，可以从以下几个方面入手：

一是识别不同文化间的差异，发展文化认同。按美国人类学家爱德华·赫尔的观点，文化可以分为三个范畴：正式规范、非正式规范和技术规范。正式规范差异主要是指来自不同文化背景的企业员工之间在有关企业经营活动方面的价值观念上的差异，由此引起的冲突往往不易解决。非正式规范差异是指在企业运作中的生活习惯和风俗等方面的差异，由此引起的文化冲突可以通过较长时间的文化交流来克服。技术规范差异主要是指各种管理制度上的差异，它可以通过技术知识的学习而获得，很容易改变。可见，上述这些差异所造成的冲突程度和类型是不同的。因此，只有识别差异才能采取针对性措施予以解决。

二是进行跨文化培训，培养跨文化意识是解决文化冲突的有效途径。跨文化培训的主要内容包括：(1)对方民族文化及原公司文化的认识和了解；(2)文化的敏感性、适应性的培训；(3)语言培训；(4)跨文化沟通及冲突处理能力的培训。

三是在企业内部建立共同的价值观和企业文化。通过文化差异的识别和敏感性训练等，公司员工提高了对文化的鉴别和适应能力。在文化共性认识的基础上，根据环境的要求和公司战略的需求建立起公司的共同经营观和强有力的公司文化。

第四章 并购企业文化整合系统模型

第一节 文化整合与企业并购的关系

并购后企业在规模、结构、组织、机构、人事、文化等方面与并购前的企业都有所不同，是并购双方企业在各个要素方面的有机协调组合，但不是简单相加。它超越了原有的企业，是一个新形成的有机整体(范征，2000)。企业并购能否成功，不仅取决于有形资产的融合情况，在很大程度上还取决于并购双方企业文化的整合程度，只注重经济上的资源重新配置，而忽视对企业的文化整合与重塑，势必会阻碍资本运营的有效运作，加大企业管理成本，影响企业经营效率。

在很多的并购实践中，尽管技术、市场、生产、财务等方面的整合非常成功，但因为双方在价值观、行为规范和思维方式等文化方面整合的失败而最终导致并购的失败(丁敏，2006)。因此，企业文化整合是影响公司并购战略与长期经营业绩的关键要素，也经常被看做影响并购成功的最终标志。企业文化整合对企业并购的影响表现在以下几个方面：

一、企业文化的整合直接影响企业并购的成败

企业并购交易后，并不意味着并购后的新企业就能有效运作和顺利发展。并购成功的重要标志是企业并购后能焕发出新的活力和生机，能在市场竞争中取得优势。但要达到这个目标，仅仅依靠“硬件”的组合是远远不够的，文化整合的成功与否往往直接影响着并购的成败，或者说并购各方所具备的物质优势能在多大程度上

发挥出来，取决于并购的各方利益的协同和文化的整合。Shrivastava(1996)提出，签订并购合同后，在管理制度、经营业务和组织文化等方面，并购企业缺乏协调和解决并购双方企业间差异与冲突的整合方案，是造成并购战略失败与并购后经营业绩不佳的主要原因。Terry 和 Lance(2000)提出，文化差异是跨国并购活动失败的主要原因，而实施适当的文化整合策略是并购成功的关键所在。根据资料统计，在全球范围内，资产重组的成功率只有43%，而那些失败的重组案例中，80%以上直接或间接起源于新企业文化整合的失败。在国内外由于文化因素导致并购后的企业出现严重问题的实例也屡见不鲜。

二、企业文化的整合直接影响并购企业的模式、速度和效率

企业发展有速度快慢之分，风险大小之分，跨行业、跨地区、跨所有制发展的选择之分。之所以会有不同的发展思路和发展模式，往往是受到不同企业文化的影响和导向。企业并购整合，在整合物质要素过程中，也在整合文化要素，整合企业发展的理念。文化整合的目的就是形成文化力，文化力主要就是理念的贯穿和新理念的推进，企业文化力就是推动企业前进的原动力，是企业的核心竞争力之一。企业文化要素的整合状况，对企业发展有着直接而重要的影响。其一，影响企业发展的模式和速度。不同企业文化引导下的企业发展模式选择是有很大差别的，这种差别体现为风险型发展模式和稳健型发展模式。在市场经济环境下，任何为寻求发展而进行的决策，都存在一定的风险。虽然人们在决策中，总是千方百计地避免和降低风险，但利益大的决策也往往驱使人们敢于冒险去寻求发展。敢于冒险是企业取得成功的一种必备心理素质，但过于冒险有时也会导致更大的失败。相反，稳健型决策追求的是不寻求短期内最大的利益，但注重步步为营、步步成功。从短期看，发展速度可能慢一些；从长远看，企业则会立于不败之地。这种侧重风险和侧重稳健的不同决策理念，实际上是在不同企业文化起着支配作用的。如果这两类企业发生并购，不能将两种经营理念进行有机

整合，则会导致企业决策中要么急于求成、要么犹豫不决；反之，如果能够将两种观念有机地融合在一起，既不失冒险创新精神，又保持稳健扎实作风，则会从总体上加快企业的发展速度。当然，这种企业文化的融合，不应仅仅停留在观念层面上，而应该把这些理念物化在企业决策程序和规章制度上，使企业精神文化转化为制度文化，以行为规范的方式来支配企业的行为。其二，影响企业发展的效率。效率往往表现为多种要素共同作用的结果，其中最关键的是各要素之间的协调和融合。不同企业背景、不同企业文化，独立地看可能是成功的，但如果将两种成功的文化简单地叠加在一起，则未必会产生一种成功的企业文化。如果处理不好，那么，两个单独看是成功的文化，合在一起反而会产生“1+1<1”的结果。这种状况的出现，必然会影响企业的发展效率。因此，从这个意义来说，企业文化整合的过程，就是重新塑造新的企业文化的过程。

三、企业文化的整合是并购中其他整合的前提和基础

企业并购后的整合涉及企业战略整合、资产整合、人力资源整合、组织整合、技术整合和企业文化整合等主要内容，其中企业文化整合最为关键，它通过影响员工的心理和行为，进而影响有形资产的利用和整体的协作，是决定企业并购预期目标能否最终实现，并购双方能否融为一个具有共同目标、相同价值观和利益共同感的组织之根本（Miris，Marks，1992；陈凤，2001）。在现实中，企业并购的整合，人们首先看中的是资产、债务和产品等物质要素的整合，但物质要素整合如果不与企业文化整合相协调和融合，其结果可能是事倍功半。企业生产体系的整合，从工艺上讲，是物质要素利用效率的提高，但如果人的因素不在其中起作用，形成不同生产管理模式的冲撞，也会造成物质要素利用效率的降低。因此。在企业并购的要素整合中，需要企业文化整合与其他要素整合的匹配。

四、文化整合带来的文化协同效应能够增加企业并购价值

纽约大学斯特恩商学院的 Sirower（2001）在其《协同效应的陷阱》一书中提出战略远景、执行策略、系统整合、权利和企业文化

四个要素构成了并购企业成功获得“协同效应”的基石。这就是说，现代企业并购所追求的协同效应，不仅仅可以来自财务协同、经营协同和管理协同，并购双方通过对文化要素的重新配置和优化组合，也可以产生文化协同效应而使并购价值倍增。具体而言，企业文化的协同效应是指强优型的企业文化通过对弱劣型企业文化的扩散、注入和转移，从而达到文化管理上的规模经济效应或者是两种弱优型的企业文化通过对各自文化的优质要素进行重新组合而形成一种新的优质文化，从而实现优质文化要素的增强和放大效应。一方面，文化协同效应的产生减少了企业内部摩擦，节约了横向的沟通成本和纵向的监督、代理成本，从而达到并购价值的增值。通常情况下，并购企业规模越大，这种文化协同效应对效率的贡献就越大，但当企业规模达到一定程度而超过了企业文化本身的扩张能力时，由于企业内部各种亚文化冲突的尖锐化而使文化协同效应达到极限，导致平均成本上升和效率下降。因此，与经营协同和管理协同一样，企业文化的协同效应也受到适度规模的限制，这一适度规模就是企业并购的上限。另一方面，从文化观的角度来说，优秀的企业文化构成了企业的核心能力。巴顿(Barton，1992)认为，核心能力是由技巧和知识基础、技术系统、管理系统、价值观系统等相互作用的四个维度所构成的企业独特的并为企业带来竞争优势的知识体系。在上述四个维度中，价值观系统是核心要素。因此，并购企业文化协同效应的实现就意味着企业核心能力在双方企业之间的渗透和扩散，而对于那些基于文化核心能力的企业并购来说，并购双方文化协同效应的实现程度也就成为衡量并购价值的重要指标。

第二节 并购企业文化整合重要性分析

企业并购协议的签订意味着并购行为的完成，并不意味着并购的成功。美国贝恩公司的调查结果显示参与并购的4/5以上的企业都能成功地签订协议，但是众多的企业在并购协议签订后并未达到预期的效果，没有创造出价值。对目标公司实现了接管，并不意味着并购活动的最终成功，反而可能意味着走向失败的开始。因为并购本身是一柄双刃剑，并购后的一体化整合将极大地考验企业并购的实施者，比取得目标公司的控制权更为重要。并购被看成一种手段，而整合应该是这种手段成功实施的核心和关键。调查结果表明成功的并购与失败的并购在许多方面都存在着区别，其中包括从并购前的计划到并购后整合管理。英国著名的克普尔和莱布朗德（Coopers，Lybrand，1993）会计咨询公司对英国最大的100家公司的高级管理人员（CEO）的调查研究发现，在并购成功的贡献因素中，良好的企业文化整合排列第三，而在并购失败的决定因素中，管理风格和公司文化的差异所引发的冲突或文化不兼容则被列为首要因素。关于并购成功与失败原因的调查结果如表4-1所示：

表4-1　**收购失败与成功原因的研究（Coopers，Lybrand，1993）**

失败的导因（%）	成功的导向（%）
目标公司的管理态度和文化差异（85）	详细的收购后整合计划及迅速实施（76）
无收购后整合计划（80）	收购目的明确（76）
对行业或目标公司缺乏了解（45）	文化融合良好（59）
目标公司管理不善（45）	目标管理层的高度合作（47）
无收购经验（30）	对目标公司及其行业的了解（41）

从以上的分析中可以看出在企业并购中，忽视和缺乏并购前的整合战略，没有制订并购后的整合计划是失败的主要原因，而在成功的并购中，几乎所有的企业都在整合上投入了巨大的精力。对整合工作忽视的企业，在并购实施后，由于没有详细的整合战略和计划，使在战略计划阶段预期的协同作用未能发挥，通过并购为企业增加和创造竞争优势的目标没有实现，未能给企业带来新的价值，甚至影响和削弱了企业原有的价值。

文化整合是促成并购成功的重要因素，也是导致并购失败的主要原因，文化整合对有效的并购往往必不可少。如果并购企业只注重物资设备、资产等有形资产的调整与整合，而忽视企业文化和精神观念的融合，那么并购双方将会貌合神离，甚至出现一方以胜利者自居，另一方不甘随和，双方格格不入，引发组织冲突，最终导致并购失败。通过企业文化整合，把新型的文化作为催化剂与黏合剂，发挥新型文化的同一性与能动性的功能，就能对企业拥有的各种内外资源，进行有效配置，可以促进企业管理各层面的改革和完善，从而使并购双方真正形成有机的整体，实现并购企业自我内存优化的目的。总之，只有实现企业文化整合，并购企业才能一体化，从而达到的协同效应，实现规模经济。文化整合对于并购企业的管理意义重大，具体表现在：

一、文化整合是并购成功的关键环节

并购的最终目标是提升企业的核心能力、强化竞争优势、创造新增价值。要想实现这一目标，单是财务上的联结和有形资产的整合是远远不够的，必须通过文化整合创造一种良好的文化氛围。国外学者通过研究发现文化因素对并购成败的影响巨大。美国麦肯锡咨询公司、默莎管理咨询公司以及其他一些研究机构，对兼并失败原因的研究结果表明，忽视兼并双方企业文化的差异，没有妥善解决文化冲突，未能进行有效的文化整合，是兼并失败的重要原因之一。只有通过文化整合，把新型的文化作为催化剂与黏合剂，发挥新型文化同一性与能动性的功能，就能对企业拥有的各种内外资源，进行有效配置，才能够在并购双方之间以及并购企业内部创造一种积极的氛围，从而淡化企业文化差异的消极影响才能有效实现核心能力在并购双方的单向或双向转移(Schein，2004)。

文化整合的重要性还表现为它与并购其他方面的整合有着密切的关系，对其他方面的整合具有重要影响。整合是对并购企业的资源系统和目标企业的资源系统重新组合，形成一个新资源系统的过程，其本质是不同类型管理资源的重组和融合，它既包含对旧系统中管理资源和管理技术的扬弃，也包含在新系统中进行一定程度的管理创新。在企业并购中，管理整合的内涵十分丰富，包括资产整合、人力资源整合、组织战略整合和企业文化整合四项主要内容，企业文化不但要实现自己的内部整合，而且要参与整个企业系统的整合，与企业内的各个子系统相适应。

二、并购企业文化整合能够减少文化冲突

并购企业把原来具有不同企业文化的企业合并成一个全新的企业，两种不同风格的企业文化必然在价值观、经营理念、管理风格等方面存在差异，如果不对这些差异进行必要的整合，就会进一步扩大双方的文化差距，就极有可能出现企业文化冲突。

所谓文化冲突是指不同形态的文化或者文化要素之间相互独立、相互排斥的过程，而并购企业中的文化冲突既指并购方与被并购方的文化不同而产生的冲突。如果并购后的文化风险没有得到有效的控制，就会产生文化冲突。企业文化自身的特性和不同企业文化的差异成为并购的文化风险来源(陈浩，王永，2002)。一是企业文化各自有其形成发展的过程，并在此过程中形成其他企业无法复制的特性。因为企业文化是通过塑造员工的价值观、理念而影响其行为，进一步对企业生产经营发挥作用，所以当企业组织形态发生变化后，企业文化不会立即消失，还会对员工有一定潜在影响。二是不同企业之间由于企业性质、发展历史、企业家个人因素等不同造成文化差异，这也会给企业并购带来潜在风险。当并购发生时，若这些风险得不到很好的防范解决，必然会成为并购成功的障碍。在企业并购经营的过程中，两种不同文化背景的企业合并在一起，通常都会遇到客观存在的文化差异，如果双方不能彼此尊重并合理进行控制，很可能激化文化差异而导致文化冲突。这种文化冲突对并购后企业的发展会造成许多不利影响：首先，文化冲突会使被并购方在与并购方合作时产生不信任感及对前途的不确定性，这会导致其对个人事务的关注程度大大提高，从而降低工作效率，甚至有可能到竞争企业中去工作；其次，文化冲突还会使员工对企业缺乏认同感和敬业精神，从而导致双方合作程度的大大降低，使企业缺乏凝聚力；最后，文化冲突还会分散人们为实现并购后企业目标而作出的努力，使组织资源不是用于完成组织目标而是耗费在解决冲突上。而文化冲突的直接结果就是并购后企业缺乏凝聚力，生产能力下降，甚至使并购最终走向失败。因此，文化整合是企业并购中不可或缺的组成部分。在一个具体的企业组织中，文化冲突的

产生原因主要有不恰当地运用管理习惯、不同的感性认识、沟通误会、文化态度等。在传统的文化整合理论研究中，大多数学者认为，在并购双方企业存在较大的文化差异时，企业并购文化整合面临的文化冲突压力也较大。因为企业并购不仅存在并购双方自身的企业文化差异，而且还存在不同企业所在地区之间的文化差异，即所谓的双重文化冲突，所以文化冲突在跨地区并购的情况下要较同一地区并购更为明显，文化冲突已经成为并购战略成功转变的关键障碍。它可以导致被并购方员工的低承诺和不合作，被并购企业高层经理离职率上升。学者们认为，文化差异造成的文化冲突是企业并购活动失败的主要原因，因此并购后的企业在进行整合时，应根据双方文化的优劣采取正确的文化整合方式，文化冲突在此过程中必将逐步消亡，最终将会走向文化融合。

三、文化整合是增强新组织凝聚力的保证

并购中坚持文化整合就是通过树立正确的企业价值观这个“结合点”，强调企业在商品生产、经营中和在社会交往中做思想教育工作，把经济工作和思想工作统一起来，在搞好管理工作的同时，教育职工、抓住企业的团队建设。文化整合是不同文化间的沟通与融合，它抑制、排除、扬弃推动了整体意义和价值的文化，选择、吸收和发展有利于并购后企业发展的文化特质，并逐渐使之规范化、制度化、合理化，进而强化为新组织人员的心理特征和行为特征。

文化整合把原企业中有利的价值取向提升或改进为新组织发展的文化底蕴，并逐步地改变原企业中不利于新组织发展的文化假设和经营理念，为并购后的新组织奠定了一个共同的文化根基，为新组织成员提供了一个思考、行动的基本准则，使并购后的新组织向心力明显增强。同时，通过文化整合形成的新组织结构、文化网络、规章制度等能够有效约束偏离新组织目标的员工心理和行为，保障新组织的战略实施。而且，物质层的文化要素也在文化整合中得到发展和重塑，对员工的心理起到明显的暗示作用。经过从精神层、制度层到物质层的全面文化整合，吸引企业的每一个成员并凝

聚成一股合力，使之同心同德共谋企业发展。

四、文化整合构筑共同愿景实现并购持续发展的关键

共同愿景是新组织成员共同持有的发展意向。通过文化整合过程中形成的激励效应、辐射效应和融合效应来号召组织成员追求一项蕴含在新组织产品和服务之中，比原企业本身更高的目标，从而改变成员与组织的关系，变“他们公司”为“我们公司”，消除成员间的不信任感，并成为相互之间充分沟通、协作生产的基础。共同愿景的培育还会影响外部文化群，产生组织内外的协同效应，使新组织和客户在共同的愿景下，共谋企业的长远发展。

企业并购的一个核心目标是增强企业竞争力，使企业的发展跃上一个新台阶。从哲学的角度而言，并购仅仅是事物发展的外因，而并购后的文化整合才是事物的内因，是新组织阶跃式发展的基础，外因通过内因来起作用(陈乃怀，2000)。同时透过国内外的成功案例，我们不难发现这一规律，科学有效的文化整合才会体现出并购的优势所在。它通过共同愿景的培育和价值观的导引作用，统一员工思想，增强新组织凝聚力，并通过有效的制度安排、文化网络设计、社会形象推广等手段保证资源的有效配置、信息的快速传递和社会形象的稳步提高，为企业的持久发展既奠定了软环境基础，塑造全新企业文化，又注入了新的生机和活力。

第三节 影响并购企业文化整合成败的因素分析

一、外部环境文化因素

企业文化作为一种亚文化必然存在于特定的社会环境中，不可避免受社会制度、民族文化、风俗习惯以及地理环境等外部因素影响，这样企业文化就呈现出很大的相异性。例如，民族文化差异包括在权利距离、不确定性回避、个人主义与集体主义倾向、功利主义与人文主义倾向等方面的差异；由于不同行业有不同特点，使得行业之间在市场观念、用户观念、竞争观念、创新观念、风险观念

等文化观念上存在差异；制度文化差异体现了并购企业之间所处的外部社会环境文化背景在所有制形式、法律、分配政策、政府行为等方面的差异；区域文化差异反映了不同地区之间在价值观念、宗教信仰、种族优越感、语言、思维方式等方面的文化差异。

二、并购企业内部文化之间的差异

首先，企业文化历史和知名度等背景和文化类型差异。例如，处于成长阶段的企业通常表现为一种积极的创业文化，成熟阶段则表现为稳健的守业文化，衰退阶段倾向于消极的败业文化。另外，市场所处地位对企业文化影响也是显见的，垄断性企业一般会滋生惰性文化，而竞争性企业通常有积极的竞争文化。其次，并购企业对原有企业的核心价值观有着高度的认同和文化的定势，从而对接受和理解与之相异目标企业文化的包容能力。最后，企业组织的应变能力、员工结构、管理决策流程等方面存在差异。

三、人本因素

人本因素即管理与沟通因素。人是文化的创造者也是文化的实践者。并购企业文化冲突很大程度上是与企业人本差异分不开的，这种差异表现为两方面：一是员工自身差异。比如并购企业双方员工的年龄、性别、个性等生理差异，文化程度、技术熟练程度等方面差异，这些都会直接或间接地影响员工的价值观念、欲望偏好和生产方式等，从而影响企业文化的个性。而如双方决策层、企业家之间存在人本差异，将直接影响到新企业经营理念的形成。一般而言，风险厌恶型的经营者与风险偏好型的经营者是很难真正走到一起的。二是人力资源管理形式和管理效率的差异。对于一个企业而言，信奉什么样的人力资源管理理念，设置什么样的管理组织框架，制定什么样的管理制度，采取什么样的管理措施都将对企业员工产生极大的影响，且这种影响对员工个体而言是长期的，一旦形成并适应将产生某种心理依赖思想，在短期内很难改变，当双方企业人力资源管理存在很大差异时，文化冲突也将不可避免。

第四节　并购企业文化整合过程中的重要环节分析

一、并购文化整合前文化风险评价的重要性

作为企业无形资源的核心——企业文化成为继人、财、物、信息之后企业成长又一重要的战略性资源。企业文化在日益激烈的现代竞争中显得尤为必要和紧迫，成为企业赢得竞争优势、取得成功的最关键因素(Barney，1991)。因此，在经济全球化推动下的企业并购浪潮中，分析企业文化对并购活动的作用和影响，研究并购企业文化整合前的文化风险，已经是迫切需要关注的焦点。文化风险是关系企业并购成功与否的关键问题之一。通过对企业并购中文化风险的研究及构建文化风险评价模型，从而将并购企业文化整合前的文化风险进行量化。对并购企业文化整合前文化风险及其评价模型的研究，与体制风险、市场风险、财务风险等一起构成企业并购风险体系的主要内容，这一研究将会弥补企业并购风险理论研究的不足。同时，并购企业文化整合前的文化风险的分析与量化过程使得人们对并购中的文化风险认识更直观明确，为企业在并购中有效地防范、规避文化风险指明了方向，降低了文化风险带来损失的可能性，为促进并购企业效益增长提供了新的途径和方法。因此，并购企业文化整合前文化风险及其评价模型的研究为企业并购中整合决策提供参考。

二、文化整合与整合中模式选择的重要性

企业是一个系统，并购整合也是一项复杂的系统工程。企业文化不但要实现自己内部的整合，而且要参与整个企业系统的整合，与企业内的各子系统相适应。而且，并购的最终目标是提升企业的核心能力、强化竞争优势、创造新增价值。要想实现这一目标，单是财务上的联结和有形资产的整合是远远不够的，必须通过文化整合创造一种良好的文化氛围(顾琴轩，金凤斐，2002)。而只有通过文化整合，才能在并购双方之间以及被并购企业内部创造一种积

极的氛围，从而淡化企业文化差异的消极影响；才能有效实现核心能力在并购双方间的单向或双向转移。文化整合的重要性还表现为它与并购其他方面的整合有着密切的关系，对其他方面的整合具有重要影响。在并购中，成长于各种不同民族文化背景中的企业，其发展战略、组织结构、人力资源管理、财务制度等也会有很大差异。在进行企业文化整合模式选择时，都必须首先分析文化背景的差异。只有对双方的文化背景有了清晰的了解，各种整合才会更有针对性、更有效率。换句话说，文化整合是并购企业其他整合的基础。能否做好文化的整合与创新，直接关系到并购的成败。因此，对文化整合与并购的关系、文化整合的流程设计、模式选择等问题的探讨具有重要意义。在并购文化整合模式的选择过程中，不仅要考虑民族文化差异的影响和并购企业的管理能力，还要考虑并购双方企业文化的类型、优劣、强弱程度、文化吸引力以及母公司对多元文化的容忍度等因素。如当并购双方民族文化差异较小时，有移植、引进和融合三种模式可以选择。如果并购方较为强势，且企业经营获得了成功，在这种情况下，选择融合模式可以减少冲突，实现文化互补；若被并购企业文化为优质文化，并购企业文化一般可以考虑选择引进模式，将被并购企业文化中的核心部分引进到并购企业。文化整合模式的选择不是由单一因素决定的，而是受到并购双方的民族文化、企业文化、并购企业的管理能力及其集权化程度的综合影响。因此，需要根据并购双方的具体情况，对并购企业文化整合模式认真地加以比较和选择。

三、文化整合后综合评价文化整合目标的重要性

并购企业文化整合后的综合评价是并购企业文化整合的重要一环，直接指导着并购企业的其他整合工作。Denison，Mishra(1995)通过对764个组织的高层经理人员进行调查，发现模式中的工作参与、一致性、适应性、使命四个文化特质分别与公司的某些绩效指标(如全面绩效、市场份额、销售增长量、收益率、员工满意度、产品和服务质量，以及新产品的研发)存在明显的相关关系，Denison发现几乎所有的文化特质都和组织绩效量度之间显著相关，而且每

一种文化特质都与大范围的主观和客观的组织绩效量度存在明显的正相关。因此，并购企业文化整合后的综合评价应围绕整合前制订的整合目标，主要针对企业文化的四个评价指标，如工作参与、一致性、适应性、使命等来进行。如果评价结果未达到整合目标则应该重新考察双方企业文化，思考企业文化整合模式是否合适？企业整合计划是否需要调整？推进过程是否有失误？最后调整整合失误之处重新推进企业文化的整合；若达到了整合目标则应该在对整合途径的重要性排序进行微调的基础上重复企业文化推进与实施的过程，直到下一次新的企业文化整合的开始。由此，并购企业文化整合后的综合评价对评价并购后整合目标是否成功有许多借鉴意义。

第五节　并购企业文化整合系统模型构建

企业文化整合过程是一个并购双方互动的过程。在这一过程中，既有原有的企业文化不断抗争直至消失的过程，又有新企业文化战胜、同化直至完全取代原有企业文化的过程。因此，要有效地整合双方企业文化，建立起新的企业文化，就要通过认识双方文化——制订整合目标——进行文化风险识别、分析和评价——确定企业文化整合模式——制订企业文化整合计划——企业文化整合的综合评价——整合目标分析——是否达到整合目标，最后决定是否继续推进与实施新的企业文化这样一个程序来完成最终的文化整合。另外，在整合过程中应了解由于企业并购后其文化的整合表现出一种特殊的与企业文化形成的互逆性（Larsson，1999；李宝珠，2002；潘爱玲，2004；朱胜良，2005）。

并购后企业文化的整合是一个系统，既需要对双方文化有一个清晰的了解，又要对整合模式和整合计划有一个科学的选择以及规划，在整合过程中还要对整合的途径以及其作用有一个全面的认识；同时整合还是个循环过程，在整合计划推进的过程中通过最后的企业文化整合目标综合评价模型系统来反馈以及指导企业文化的整合。据此，本研究提出了并购企业文化整合系统模型（见图 4-1）。

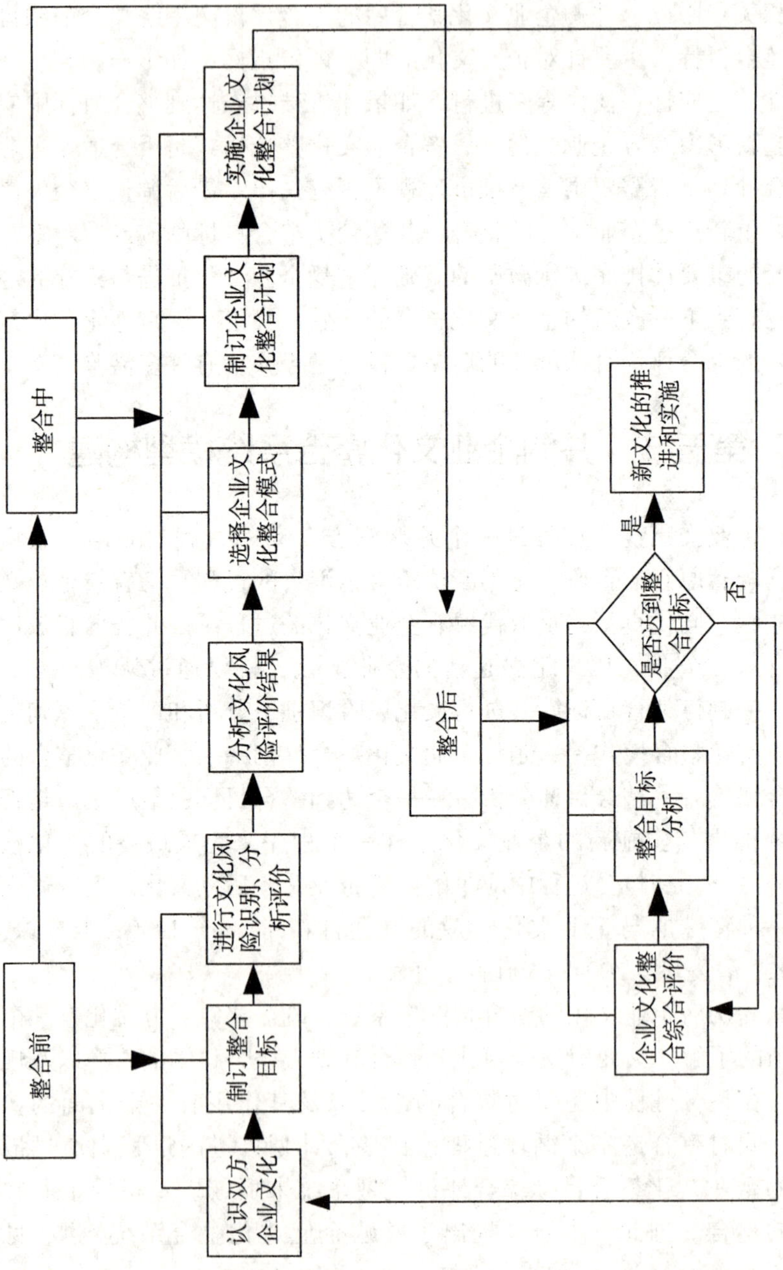

图4-1　并购企业文化整合系统模型

第五章　并购企业文化整合前的文化风险识别、评估及综合评价

第一节　文化风险内涵和特征分析

一、企业文化风险含义

文化风险是指由于并购企业之间的文化差异，引起文化冲突，导致并购企业文化难以融合，严重影响并购目标的实现，甚至彻底失败。文化风险是根源性的风险因素，诸如市场风险、规模风险、财务风险等许多其他风险的产生，都是由于并购双方在企业精神、价值观念和行为规范等方面的差异而引起的。不同组织文化差异与文化距离是引起组织文化冲突的根本原因（David，Singh，1993；Hofstede，1993；Terry，2000；王基建，2002；吴显英，2007）。

二、企业文化风险来源分析

企业并购的文化风险来自文化的差异。文化风险的来源可分为四个层次，即环境的、组织之间的、组织特征的和业务经营的风险。相应地，文化风险也有四个层次，即环境文化风险、跨组织的文化风险、组织的文化风险和经营的文化风险（见图 5-1）。

通过对文化风险的来源因素分析，将有助于准确判断并购是否更易于发生文化冲突，并有助于更有效地了解和回应目标企业中非正式的、不易察觉的、对文化变革表现出强烈抗性特征的深层文化。为了便于分析，可将企业并购的文化风险来源归纳为文化差异和非文化差异因素两类。

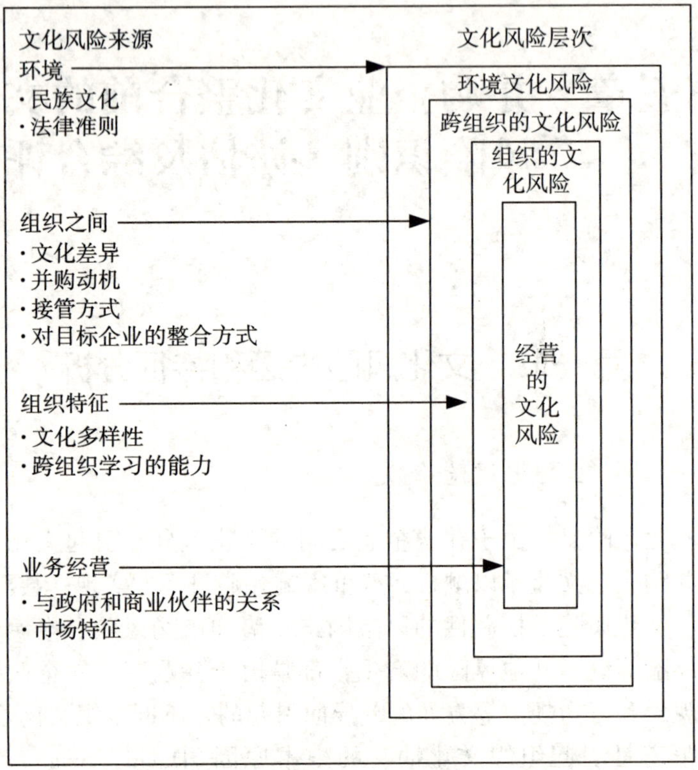

图 5-1　并购的文化风险来源(David，Singh，1993)

(一)文化差异及并购的文化风险

1. 民族文化

一个组织不可能脱离它的社会文化背景及一定的职业文化而存在，要了解某个组织文化就不能不考虑该组织的社会文化背景和相应的职业文化。因此分析文化差异及其可能给并购整合带来的冲击，就必须把组织文化纳入到它的社会文化和职业文化背景中进行讨论。文化差异既存在于文化的各个层次(如社会文化、亚文化、次亚文化)上，也存在于企业的环境、组织之间、组织及经营等各个层次上。各个层次的文化差异都可能成为并购中文化风险或文化冲突的来源。生活在社会中的人都离不开他所在社会的民族、种族、地域、宗教性等社会文化的深远影响。每个人在进入某个企业之前就已经在他生活的社会文化中经历了“社会化”过程，通常也会在某种职业文化中得到社会化。每个人在进入企业后，同样也会受到他所从事工作带给他的职业文化熏陶。“社会化”实质上就是一种文化训练，它为每一个社会成员提供足够的共识，从而足以产生可预见的、协调的社会行动。这种训练在每个人出生的时候就开始了，它通过反复灌输什么是对与错、什么是正当行为的思想影响着社会成员的观念和行为。由于社会化，在某个社会群体中的人们看来是错误、不当甚至是荒诞的行为，在另一个社会群体看来则可能是自然的，甚至是受到鼓励的。这种文化训练的影响并不会因时间而被冲淡，不管公司对员工的选择和培训多么严格，人们仍会保留早期的社会化对其认知和行为的影响。这种民族文化的影响具有持久性。调查表明，这种民族文化的差异在企业经营上常常会发生冲突。

文化风险的产生源自于不同文化之间的差异。在一般情况下，文化差异可以分为两个层次：文化渊源差异与文化现状差异。其中，文化渊源差异是不同文化的价值观念、是非标准、思维方式的差别，它是深层次的，具有抵制外部干扰的力量，一般不会轻易改变。而文化现状差异是表层次的，如流行时尚、行为规范、社会倾向等。通过一段时间的文化交流，文化现状差异是可以改变的。具体来说，可以用四个主要的指标来表征文化差异：权利距离、不确定性回避、个人主义与集体主义倾向、功利主义与人文主义倾向。

(1)权利距离。权利距离是指社会对权利在社会或组织中不平等分配的接受程度。处于较大权利距离中的人们有严格的等级观念，在企业中表现为管理者与下属之间感情差距很大，上司具有较大的权威，且不易接近；处于较小权利距离中的人们认为彼此是平等的，等级制度不过是所任职务不同而已，且职务是可以变换的。在企业中上下级感情差距小，下属很容易接近并敢于反驳上司。(2)不确定性回避。不确定性回避是指一个社会根据自身受到不确定性事件或情况威胁的程度，对回避该风险所作出的种种考虑。强不确定性回避，是社会在维护既定的信念和行为规范时，不能容忍持不同政见的人士和观点；在企业中表现为组织内部职责明确，规章制度严格，重视专家意见，要求高度一致，但也因此决策缓慢缺乏灵活性。弱不确定性回避是针对一个能够坚持较宽容的氛围，允许人们根据实际提出不同的观点学说的社会而言。弱不确定性回避的社会的人通常表现为敢于冒风险，鼓励创新。(3)个人主义与集体主义倾向。个人主义是指在一种松懈的社会结构中，人们只关心自己与最亲近的亲属；集体主义是指在一种严密的社会组织结构中，其中有内部群体和外部群体之分，人们希望内部群体关心自己，同时也对内部群体热心帮助，绝对忠诚。(4)功利主义与人文主义倾向。在功利主义倾向较强的国家中，人们注重收入、挑战、进取，成就被认可的标志是财富，大型企业往往倾向于这类文化并高度注重经济增长。在人文主义倾向较强的国家中，则比较强调平等、团结，注重友好的工作环境和就业保障，其成就的标志是良好的人际关系和生活环境，工作给人们带来的压力较低，工人有较高的自由。

2. 文化的差异及其多样性

文化差异的存在必然会给并购后的整合带来影响和冲击。来自不同社会文化中的两个企业间的并购极易引起经营中的困难，例如，许多墨西哥企业在被美国企业收购后，放弃其以往的文化，接受了美国的企业文化。在“迷茫”的情况下，被并购企业的员工对自身文化认同度低，但又不希望被融入到新的文化中。这时的员工处于一种孤立、困惑的状态。虽然被并购企业的文化会迅速解体，但新文化的建立是一个十分漫长的过程。在“独立”的情况下，被并购方有着文化优越感，对并购方的文化认同度低。因此，双方在整合上是十分困难的，被并购方不愿意以任何形式与并购方进行整合。商业文化是在一定社会文化环境中形成的一种职业文化。商业文化包含了市场游戏的规则、竞争与不道德行为间的界限以及商业交往中非正式的礼教习俗。由于这种文化的差异，来自不同商业文化的两个企业间的成功并购必须以谈判解决这些文化差异的方案为前提。

商业文化的差异也反映在媒体对并购事件的反应上。在有些国家，全国性的广告战和媒体反应在影响敌意接管活动中扮演着重要的角色。目前在中国企业进行海外扩张的过程中，被并购企业所在国的员工、媒体、投资者甚至是工会仍然对中国企业持一种怀疑的态度和偏见。低价格的产品和低效率往往还是中国企业在海外的形象。在这样的印象下，被并购企业普通员工担心自己的就业，管理人员担心自己的职位，投资者担心自己的回报。由于他们普遍对中国企业文化的认同度低，同时由于这些被并购企业具有悠久的历史和十分成熟的企业环境，他们往往会对自身文化的认同度高，在这种情况下，如果中国企业将自身的文化强加给被并购企业，其结果往往是处于“独立”的各持己见状态。这样会使双方在业务及组织上的整合都受到阻碍，将增加整合的难度。

(二)非文化因素差异及并购的文化风险

除了文化差异可以直接给企业并购带来文化风险外，还有其他一些因素也可能间接地给企业并购带来文化风险，它们包括并购动机、接管及整合方式、跨组织的学习能力及目标企业的公众关系等。

1. 并购动机

如果并购的直接动机是追求经营上的协同效应，那么并购双方企业就会因为经营整合的需要而面临较大的文化适应压力。如果并购的动机只是为了获取财务上的协同效应，由于并购双方基本上仍将保持各自原来的独立经营状况，那么文化适应的压力就会非常小。从理论上讲，仅仅以经营协同效应或财务协同效应为目的的企业并购是可能的，但现实中同时兼有两种目的的并购却是经常的，因为并购企业面对的经常是多单元的、异质的目标企业。

2. 接管及整合方式

并购之后，目标企业的有些业务单位将会按照经营协同效应的要求得到整合，有些业务单位将会按照财务协同效应的要求进行处理，而另外一些业务单位可能既有经营协同效应的价值又有财务协同效应的价值，因此需要进行综合的处理。换言之，并购企业可能要面对各种整合决策，被收购企业的哪些单位应完全整合到合并后的新企业，哪些单位应与并购企业的业务单位进行松散型的联合，哪些单位应保持原来的独立经营，哪些单位应被出售？显然，在不同的整合决策条件下，业务单位层次的整合将会面临不同的文化风险。具体来说，从完全整合、到松散联合、到保持独立经营、最后到出售，并购者面临的文化风险是依次降低的。同时，当采用不同的方式进行整合时，如对目标企业中相应的业务单位采取“强制整合”或“平等合并”，并购整合也将会遇到不同的文化阻力。在通常情况下，强制整合要比平等整合的文化风险大得多。即使是在相同社会文化背景和相同产业中的两个企业的并购，由于其他文化差异的存在，整合方式的选择对于消除或避免文化风险仍会十分关键。

3. 跨组织的学习能力

目标企业的经营文化风险是企业并购所面临的一个重要战略问题。在目标企业的业务经营中内在的文化风险越高，并购整合的文化风险就越大，在这种情况下，就需要从事高风险的业务经营的企业具有跨组织、跨文化的学习能力。如果并购整合限制了目标企业跨组织、跨文化的学习能力，那么并购后的经营业绩就可能出现下降。

4. 目标企业的公众关系

并购带来的一个重要问题是可能损害目标企业与公众的现有关系，而公众关系，特别是与顾客、供应商的关系，对于任何一个企业来说，都是重要的资源。由于对这些关系的破坏可能导致企业并购后的经营效率与效益下降，所以被称为“经营的文化风险”，兼并一个在高文化风险状态下经营的企业，会给并购造成较大的困难，因为并购及其整合具有破坏目标企业的文化风险管理过程的可能，因此在并购过程中需要较客观地评价目标企业的经营文化风险，包括判断潜在目标企业的经营文化风险是否超出了并购企业可接受的范围，明确特定的企业并购是否需要和在多大程度上需要跨文化的组织学习，以及是否需要和在多大程度上需要理解并对对方组织的文化作出反应的专门技能和组织。具体来说，对经营文化风险的评价需要考虑企业与它的商业伙伴间的业务关系、目标企业与政府的关系、市场特征和顾客关系。不管是组织间的还是组织内的商业伙伴关系，它会因为以下三个方面的因素而在不同的企业表现出不同的文化风险：(1)关系的范围和持久性；(2)伙伴间力量的对比；(3)伙伴间开展紧密协作的需要。当伙伴间需要稳定的、密切的协作关系，并且力量对比悬殊时，文化风险就会少一些，因为伙伴的一方可以把自己的文化强加于对方。跨国公司的总部与它的分支机构间的文化风险相对较少，因为总部可以就分支机构如何经营直接下达指令；而跨国界的合资伙伴关系、分支机构间协作关系的文化风险相对来说就要大一些，因为伙伴间在很大程度上必须通过谈判来达成一致。与政府的关系在跨国并购中要相对重要一些。在一个外国企业与它的东道国政府间的关系中，当东道国政府限制外国企业对顾客的选择，或限制外国企业可以为东道国市场提供的产品或服务范围，或者当东道国政府是外国企业产品的主要采购者时，企业将会面临较大的文化风险。另外，当相对力量对外国企业有利时，如外国企业可以为东道国带来先进的而又是东道国所稀缺的技术，外国企业可以帮助东道国的产品进入国际市场等。由此，文化风险就要相对小一些。

5. 市场特征

市场特征及其决定的顾客关系的性质与文化风险也有很大的关系。例如，从产品或服务提供者对满足购买者需求的作用来看，当供应者为市场提供的是顾客化的(如投资银行所提供的金融服务)、模糊的(如软件系统)或无形的产品或服务时，文化风险要大一些；当供应者提供的是标准化的、明确的或有形的产品或服务时，文化风险要小一些。从服务的规模和持久性来看，当服务的交易时间短、服务的提供者与接受者间只是一对一的接触时，文化风险要小一些；当服务的提供过程所需时间较长、卷入服务过程的人数较多时，文化风险要大一些。此外，当企业提供的产品或服务将在客户组织中引起一定变化时，文化风险也会较大。这时，企业有责任对其引起的变化进行管理。

三、整合前的企业文化风险分析

企业并购将两个具有不同文化特质的组织联系在一起，需要它们相互协调和配合，以充分挖掘现有的资源潜力，实现“1+1>2”的协同效应(Cameron，1998)。然而，由于企业背景、经营规模、行业、所在区域等方面的不同，决定了企业之间在文化方面存在明显的差异，如经营思想、价值观念、工作态度、管理方式方法等方面(谭静，1999；陈海花，2004)。

(一)价值观方面的差异

不同社会制度及经济文化背景，以及不同的所有制形式，其企业的经营宗旨和价值取向必然存在差别，因而表现出价值观上的差异或冲突。如戴姆勒克莱斯勒并购案，其并购中的文化冲突就是典型的不同文化(欧美文化)背景下经营风格和价值观的冲突，德国文化是以人为本，工作严谨，计划周密，讲究平等；而美国文化则强调效益，提倡绩效，注重创新，短期行为。

(二)经营理念上的差异

并购企业为实现整体战略目标或增强并购后企业的市场竞争力，一般都要导入新的经营管理理念，并整顿目标企业的经营作风，这必然会与目标企业过去的习惯理念产生冲撞，从而表现出经营理念上的差异和冲突。如：在企业决策形式方面，许多国有企业习惯于集体决策，集体负责；在上市公司，要求按照法人治理结构，决策层和执行层分设，建立监督机制；而在一些民营企业中，则习惯于独立决断和个人负责，以适应市场快速多变的要求，这样在不同所有制、不同管理体制的企业并购后形成了这方面的冲突。

(三)制度文化方面的差异

由于并购企业与目标企业在经营模式、管理方式等方面存在差别，当目标企业将自己的管理方式引入目标企业时，必然会与目标企业过去的制度文化产生碰撞，从而表现出制度文化上的差异和冲突。

(四)人力资源系统及激励机制方面的差异

并购企业往往是在市场运作中较为成功的企业，因而其在这些方面一般较目标企业更为先进，多数表现为人事聘用管理灵活、职位薪酬差别大，而目标企业人事劳资等管理往往相对落后。并购企业进入后，为转换经营机制，提高管理和生产效率，保障企业高效运行，必然要整合人力资源管理体系和激励机制，因而会与职工的传统观念发生碰撞，从而出现此方面的冲突。

（五）信息系统方面的差异

在计算机技术迅速发展的推动下，企业信息系统在现代企业已广泛适用，企业信息化能够有效改善管理，全面提升企业竞争能力已是不争的事实。企业一般都会针对本企业的组织结构、业务流程、企业战略以及管理上的要求来规划本企业的信息系统。信息系统是组织文化系统的一个要素，并购企业文化冲突也会在这个领域内发生。

四、企业并购的文化风险的特征

（一）客观性

企业并购的文化风险是指由于并购双方在企业文化上的差异和冲突使并购实际结果与预期发生背离而导致并购失败的可能性。不同的企业，由于在其发展过程中所面临的内外环境不同，必然形成不同的企业文化。在并购过程中，并购双方企业间广泛而深入的资源、结构的整合，必然触动企业文化理念的碰撞，如不能正确地识别和有效防范，则可能导致并购活动的失败。因此，企业文化的差异是客观存在的，并购的文化风险也是客观存在的，因而是无法回避的。

（二）多样性和复杂性

企业文化的内容是丰富的和多样化的，它对企业的影响是全范围的和多层次的，涉及企业的各个方面。因此当并购活动发生时，面临的文化风险的表现形式也是多样化和复杂的，如观念的冲突、制度的差异、沟通的不畅、人员之间的误解等，而且它们之间相互关联、相互影响。正确地理解和分析文化风险的多样性和复杂性，是有效地识别文化风险的基本前提。

（三）隐蔽性

企业文化的重要特点之一是不易觉察。人们对自己的文化已经习以为常，平时感觉不到它的存在，只有在与另一种企业文化发生冲突的时候，企业文化的影响才凸显出来，产生一种内生的自我保护的力量，强烈地抵制两种企业文化的兼容，从而增加了并购的难度，甚至导致并购的失败。

(四)根源性

企业并购风险实际上是一个风险体系。它包括资产风险、财务风险、市场风险、体制风险、法律风险以及文化风险等因素，各种风险之间相互关联、相互影响。其中，文化风险是根源性的风险因素。事实表明，许多其他的风险，诸如资产风险、财务风险和市场风险等的产生，都是由于并购双方在企业精神、价值观念和行为规范等方面存在着显著差异而在经营方式、资产处置、市场选择和管理模式等方面产生重大分歧而引起的。因此，有效地防范和控制企业并购的文化风险，对于并购的其他风险控制具有根本性的意义。

第二节 并购企业文化整合前的文化风险识别

一、文化整合前的企业文化风险类型分析

企业文化的差异性衡量两个企业间价值体系的区别，如独裁型与民主型的文化差异较大、法理型与伦理型的企业文化差异显著。各种不同的企业文化均可用一定的特征变量加以描述。以下十个特征变量基本涵盖了企业文化的全部内容：成员统一性、团体的重要性、人际导向、单位的一体化、控制、风险承受度、报酬标准、冲突的宽容度、手段结果的倾向性以及系统的开放性。每一个特征变量都表现为一个由低到高的连续统一体。利用这十个特征变量就可以对每一个企业的企业文化进行评价，并能了解不同企业间文化的差异性。企业文化的容忍度用来衡量并购企业与目标企业之间双方在发生冲突情况下的兼容问题，即由于每个企业的文化差异所引起的冲突能被各方理解和容忍的最大限度。这取决于原企业文化的强弱。在目标企业为强文化的条件下，企业成员对原有企业的核心价值观有着高度的认同和文化的定势，因而接受和理解与之相异企业文化的包容能力较低。相反，在目标企业为弱文化的条件下，目标企业成员易于放弃原有价值观，转而接受新的价值观。利用上述两

个评估维度构造如下的风险评估矩阵，形成四个区域（如图 5-2）。

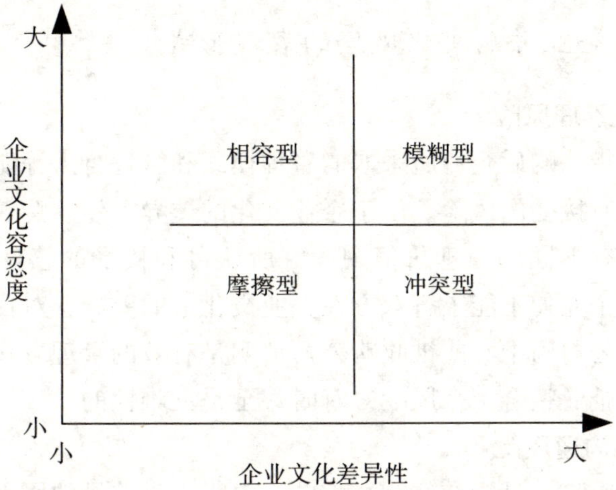

图 5-2　企业文化整合风险类型

（一）相容型

“相容型”用来描述并购企业与目标企业文化差异性小且容忍度大的情况，在这种情况下，企业文化的适应性程度高，并购企业能极为有效地发挥文化协同作用。

（二）模糊型

“模糊型”则用来说明两个并购企业间文化差异性大且文化容忍度大的情况。在这种情况下，目标企业的成员会因为同时接纳两种完全相异的企业文化而一时丧失文化的确定感，因而存在着一定的文化风险。

（三）摩擦型

“摩擦型”则用来刻画并购企业与目标企业之间文化差异性小且文化容忍度小的情况。在这种情况下，两个企业的文化基本相容，但存在着局部冲突，文化风险较小。

（四）冲突型

“冲突型”则反映了两个企业间文化差异性大且容忍度小的情况。企业并购将会因为存在着激烈的文化冲突而出现灾难性的后果。从上述分析可以看出，后三种类型的并购活动均存在着一定的文化整合风险。

二、企业并购文化风险的表现形式

(一)管理风险

这是指并购后企业所采取的管理模式和管理行为等能否为并购双方员工所接受的风险。由于企业文化的差异，使并购双方企业的员工往往有不同的管理价值观念，所认可和接受的管理方式也不同。收购企业如不能了解双方在企业文化上的差异，对目标公司采取以收购公司为中心或被收购公司证明是有效的管理方式往往会给并购后的企业整合带来风险，有时甚至是灾难性的。

(二)沟通风险

沟通风险，是指在并购过程中，由于文化差异的原因，使得并购双方的信息或思想传递或交换受阻，产生曲解和误会而产生的风险。企业并购的文化整合以文化的有效沟通为基础，企业内部的信息交换、思想交流、领导和激励等活动，是在具有不同文化背景的管理人员和员工之间进行的。由于不同的文化背景，员工们在价值观念、思维模式和行为规范等方面存在矛盾和冲突，导致沟通的困难、交流的失误和误解，使文化整合难以实现，从而产生沟通风险。

(三)组织风险

这主要是指并购企业在内部管理上，由于不同企业文化背景的管理人员和员工之间不能建立起协调联系，从而影响组织的稳定性，引起组织决策的制定和执行的风险。又由于企业文化的差异，并购后企业难以协调员工的行动，难以作出能体现所有员工希望和要求的决策。因为不同企业文化背景的员工，其工作动机和期望往往不同，而协调一致、为众人所接受的前提是具有共同的价值观。缺乏共同价值观，员工对企业的目标和决策就有不同的理解和不同的态度，表现出不一致的工作行为，从而导致组织风险的发生。

(四)人员风险

人员风险是指由于文化的差异和冲突，可能造成并购企业尤其是被并购企业的员工难以适应和容忍这种冲突，一些关键的管理和技术人才离开企业，即使不离开，这种不良气氛也会使员工情绪低落、工作不积极、工作效率下降，从而导致预期目标难以实现的风险。

三、企业并购文化风险识别的内容

(一)主要内容

企业并购文化风险的识别，实质上是对并购双方的企业文化差异进行系统和深入的分析。通过分析，全面地评估并购项目的前景，作出关于该并购项目是继续进行还是中止的决策。如果继续进行，应采取哪些措施来防范和控制文化风险对并购产生的不利影响，保证并购预期目标的实现(王基建，2002)。企业并购文化风险识别的主要分析内容包括：

(1)在企业并购过程中，主要应考虑哪些文化风险因素；

(2)引起这些文化风险的主要原因有哪些；

(3)这些风险的后果及其严重程度如何。

(二)一般程序

(1)明确各自企业文化的基本类型。收购企业必须对并购双方的企业文化的特点有一个明确的认识，这是文化风险识别的基础。

(2)分析双方企业文化的差异与冲突及表现形式在明确并购双方企业文化基本类型的基础上，进一步分析不同企业在价值观念、管理风格、行为准则和规章制度等方面存在何种差异与冲突及其表现形式。

(3)分析这种差异和冲突的显著性以及对并购绩效的影响，企业文化差异对并购绩效的影响是很复杂的。它们不是一种线性的关系，两者之间的作用受许多权变因素的影响，主要权变因素有以下三个：①整合的程度。如果整合程度高，并购双方的企业文化差异引发的冲突就会很明显，对并购绩效的不良影响显著。②相对规模大小。并购双方的规模越接近，两种文化力量势均力敌，则整合的难度就越大。当然，在被并购企业的规模远小于并购方企业时，其成员的要求和利益可能会被忽视，也会对并购绩效产生不利影响。③对多文化的宽容度。如并购方对异质文化比较宽容或者被并购企业对外来文化也比较宽容时，都会减轻企业文化差异对并购绩效的负面影响。

(4)考察两种企业文化兼容的可能性在明确企业文化的类型及分析文化差异的显著性后，需要进一步考察两种企业文化兼容的可能性。研究表明，某些类型企业文化的合并可能带来灾难性的后果，另外一些类型的企业文化合并则必然产生良好的协同效应。

(5)全面地评估并购项目的前景，作出相应决策。可通过定性分析，考察各种可能出现的风险因素及其对并购绩效的影响，分析是否可将文化差异的不利影响在一定范围内克服和化解，根据评估人员的主观经验，判断和预测并购项目的前景。还可利用定量分析方法，确定文化风险因子并给予定量化描述，分析各因子之间的相互关系，建立相应数学模型和确定相应参数，确定衡量风险的指标及指标体系，为进行相应决策提供科学依据。

四、企业文化风险识别的一般方法

文化风险有别于其他类型的风险，它主要存在于意识之中，间接表现在行为上，并最终影响到并购的成败。因此，对文化风险的识别和评估，只能以主观评价为基础。即使是通过建立风险评估模型对文化风险进行定量分析，在对收集的各种信息、资料进行处理，确定文化风险的因素构成以及分析各风险因素之间相互关系等方面，主观因素仍起决定性的作用(王基建，2002)。下面简要介绍可用于并购文化风险识别的三种主要方法。

(一)德尔菲法

德尔菲法是美国著名的咨询机构兰德公司于20世纪50年代初提出的。它是一种将主观、定性的非结构化分析定量化的方法。这种方法的一般过程如下：首先，由风险分析人员制订风险调查方案，设计调查表。其次，聘请若干名专家，由风险分析人员以调查表方式函询征求各位专家的意见，形成和确定影响并购企业文化整合的风险因素。这一过程需要专家们的若干次反馈、修改和综合，最终得到一致的、关键的、重要的因素和评价尺度。再次，当风险因素、风险尺度确定后，再请专家们就每一特定因素在一定范围内打分以分配相应的权数，反映各风险因素对并购文化整合影响的重要性。最后，由专家组成的评估小组对并购的文化风险进行最终评估。其做法是将各单独的风险因素的评分水平相加起来，求得每个风险因素评分的平均值。然后，再将各平均值相加，即可得出企业并购所面临的文化风险状况评分值。这一方法的运用是一个带有主观色彩的信息处理过程，其结果在很大程度上依赖于分析人员的直觉和观点。

(二)情景模拟分析法

情景模拟分析法是一种综合性的软方法，即只是大致上对风险进行识别，不定量分析。它是指通过对有关的数据、曲线、图表等对某项事业或组织的未来认识状况进行模拟，找出引起有关风险的关键因素，然后进行试验，即变换这些因素，观察将出现的风险及其后果，每次变换即产生一个情景，通过对多个情景的模拟分析，可以发现针对各种情况及事态的发展趋势，进而进行风险识别。这种方法的关键是将问题分解，模拟各个情景进行分析。对于一些规模较大的企业并购，并购整合的工作复杂，不确定因素多，可能出现的风险事件也很多，如果一个一个地考虑，则工作量会很大，效果也不一定好。此时，采用情景模拟分析法较为合适，只需模拟未来状况的若干情景并加以分析就可得出较为明确和直观的结果。在实际运用时，情景分析可借助概率树、直方图等各种图表曲线的形式，它可以较清楚地考虑问题的各种可能性；同时，可采用其他形式做情景，如可以借助计算机模拟，采用蒙特卡洛法进行情景分析。

(三)数量分析方法

数量分析方法是指那些运用统计、数学方法进行信息处理和风险衡量的方法，包括多因素分析、多元回归、线性规划以及其他可以认为用于企业并购后风险识别的数量分析方法。在大多数情况下，多元回归常用于将反映企业并购成败及效率的非独立变量如投资回报率、企业的市场价值等指标与一系列的确定或独立的变量如营销、财务、人事等指标联系起来。得到的回归模型或最优化则成为风险预测工具，只要将独立的变量数据代入模型即可。运用这类方法要求管理者具有相应的统计和数学知识，并且理解结果的含义。

第三节　并购企业文化整合前的文化风险评估与分析

一、文化风险评估含义

文化风险评估是通过收集选定目标企业文化信息，进行分析评估。通过文化风险评估找到并购双方的文化差异，揭示潜在的文化冲突。并购前，初步的文化风险评估有助于作出合理的并购决策，组织文化差异过大的企业战略并购成功的几率较低；并购后，一个全面客观的评估则有助于迅速确定组织文化冲突发生的主要领域，从而进行相应的整合（侯学明，1999；胡永栓，2002；李莉，2005）。总之，通过文化风险评估有利于降低组织文化冲突造成的并购风险。

进行文化风险评估，首先，在收集目标文化信息时，既要收集体现在有形“物体”和行为上的信息，即企业各种标志、工作环境、规章制度、文件中使用正式术语、计划工作程序、会议文件以及人们见面的礼节、员工日常行为等；又要在此基础上，通过外在显性文化去挖掘隐藏其背后的组织哲学、价值观、组织风气、不成文的行为准则等这些隐性文化。如果是跨国并购，文化信息的收集还要注意收集目标企业所在国的主导文化。其次，进行定性和定量分析，确定冲突、风险的大小。当得到目标公司有关文化信息后，要对每一个潜在的信息来源作进一步调查收集，挖掘其有价值的内容，然后由高层主管、律师、财务分析者、文化小组进行多角度、全方位评价分析。在分析时还要注重对两家企业思想领袖和中高层主管的价值观、管理风格及员工的行为准则进行对比，发掘显性冲突与潜在冲突和风险。文化风险评估对于揭示文化差异，迅速发掘组织文化冲突主要领域，找出解决文化冲突的方案有着重要意义（王基建，2002）。详尽的评估企业文化系统有助于收购企业找出并购双方在哪些领域存在文化差异；哪些文化领域的差异是不可调和的，易导致并购的失败；哪些文化领域可以通过沟通协商消除差异、解决冲突；哪些领域的差异是可以忽略的；哪些领域可以形成共识，进而成为推动新企业发展的优势等。文化差异，必然会导致冲突。通过文化风险评估，可以客观地认识到并购双方企业文化冲突存在的主要领域，这对于并购交易的成功有着重要的意义（谢作渺，2002）。一方面，对于企业作出成功的并购决策有着重要的意义，文化风险评估使企业更多地聚焦于文化冲突、文化的兼容性、文化差异成本，有利于作出合理决策；另一方面，有利于并购企业制定出最优的文化整合战略，迅速地消除差异，解决冲突，降低文化冲突造成的并购风险，实现文化的成功融合。

二、企业文化风险评估方法分类

由于风险会导致费用、损失的产生，对企业造成很不利的影响，因此人们不断尝试运用各种数理方法对其进行量化，以求使之直观、明确，更便于企业管理者进行风险管理（胡明，2005；李莉，2005）。风险评估方法主要有以下三类：

（一）基于线性回归分析的风险评估法

其主要有多元线性判定模型、logit 模型、probit 模型。多元线性判定模型运用主成分分析法，一般从若干表明评价对象特征的财务比率中筛选出最具有代表性的指标建立判别函数，进行多元线性回归分析，从而对研究对象风险状况进行判别。此模型考虑更多的是对企业风险起主要作用的财务比率。logit 模型和 probit 模型可以改进线性模型预测值落在区间（0，1）之外的缺陷。它们一般用于企业财务风险的测度，得出的结论也非常相似，都肯定了财务指标对企业财务困境预测的有效性。

（二）基于风险因素自然状态出现概率的风险评估法

此类方法主要是帮助解决非确定性型和风险型决策问题，常用的方法有灵敏度分析法和贝叶斯风险评估法。灵敏度分析法是将自然状态出现的概率加以改变，来考察这一改变对决策带来的影响。贝叶斯风险评估法是用补充的新信息修正先验概率，根据后验概率进行风险分析的方法。

（三）模糊数学的方法

在风险评估中，有一些边界不清晰、分类标准不明确、很难作精确定量描述的因素存在，而对于解决这种模糊现象的定量问题，模糊数学是一种有效的方法。用模糊数学测度风险的方法有很多，比较常用的有层次分析法和模糊综合评价法。

1. 层次分析法

层次分析法是将与决策有关的因素分解成目标、准则、方案等层次，在此基础上进行定性和定量分析的决策方法。它是一种相对度量的方法，可以评价各个分目标、各个因素的优先权数。通常是通过组织专家小组对各个风险因素的重要性程度进行评定，由各个风险因素的相对重要性取值构造成判断矩阵，采用特征向量法求出判断矩阵最大特征值所对应的特征向量，并通过一致性检验后，所得出的特征向量即为各个风险因素的重要性排序情况。

2. 模糊综合评价法

模糊综合评价法是综合考虑整个系统的多种风险因素，用模糊集理论来评定其优劣程度的方法。这种方法首先要建立测度对象的因素集和评价集，然后通过调查统计得出各个风险因素对于各评价级别隶属度的模糊评价矩阵，最后通过模糊矩阵复合运算得出测度结果。模糊综合评价的结果是一个与评价集相对应的隶属度向量，按照隶属度最大的原则，最大向量所对应的评价等级也就代表着评价得出的风险状况。事实上，模糊综合评价法是能够将不确定的风险因素客观、合理的测度评价。本研究在分析、识别并购中文化风险的基础之上，根据文化风险自身的特点，选择适当的测度方法，构建度量模型对其进行测度（王宗军，1998）。

第四节　并购企业文化整合前的文化风险模糊综合评价

一、综合评价指标体系的设置原则

（一）系统全面性原则

评价指标体系必须包括能够全面反映基于并购企业文化整合前文化风险的各个方面的指标，并且评价目标和评价指标有机地联系起来组成一个层次分明的整体。

（二）简明科学性原则

评价必须能够明确地反映目标与指标间的支配关系，指标体系的大小也必须适宜，亦即指标体系的设置应有一定的科学性。因为指标体系过大，势必将评价者的注意力吸引到细小的问题上；而指标体系过小，指标层次过少、指标过粗，将给实际操作带来困难，也难以突出重点因素。

（三）灵活可操作性原则

评价指标体系在实际应用中应具有足够的灵活性和可操作性，以方便不了解指标体系建立过程的学习者使用，同时评价者能根据自己不同的评价目标对指标体系作相应的变动。

二、综合评价指标体系的确立

从国内外研究动态来看，对并购企业的风险研究多集中在财务风险、体制风险的控制与防范，而虽然对于并购企业整合前文化风险的控制与防范已有认识，但大多是用定性分析、实证分析、比较分析等方法进行研究，主要着眼于文化冲突产生后的管理风险，并购双方冲突或第三方如何管理文化冲突等问题。这些研究缺乏对文化风险的特征、风险源等的深入研究，缺乏对文化风险的量化分析和测度。

文化风险不同于政治风险、财务金融风险、外汇风险等其他风险，它是由于文化差异而导致的文化冲突，可以让并购企业在并购过程中企业经营目标实现受阻、使企业并购战略的实施陷入困境。

依据前面对企业文化风险主要来源的分析，在评价和测度文化风险时，并购企业文化整合前所考虑的文化风险指标体系主要从以下三个方面进行：一是外部环境文化风险因素；二是企业内部的文化风险；三是企业经营的文化风险(包括管理和沟通风险)。

如表 5-1 所示的评价指标共分为三层：目标层、主准则层、子准则层。主准则层与子准则层中各项分别用一级指标(带一个下标)与二级指标(带两个下标)来描述。这些指标分别为：

表 5-1　　企业文化风险综合评价指标体系

评价目标层	主准则层评价因素	子准则层具体评价指标
企业文化风险 U	外部环境文化风险 U_1	民族文化差异 U_{11}
		区域文化差异 U_{12}
		制度文化差异 U_{13}
		行业文化差异 U_{14}
	企业内部文化风险 U_2	企业文化背景差异 U_{21}
		企业多元文化的包容度 U_{22}
		两种企业文化差异的处理方式 U_{23}
		企业组织的应变能力 U_{24}
		员工结构差异 U_{25}
		管理决策流程 U_{26}
	并购管理与沟通风险 U_3	并购动机 U_{31}
		对目标企业的接管及整合方式 U_{32}
		企业内部的沟通能力 U_{33}
		冲突的宽容度 U_{34}

(一)外部环境文化风险 U_1

U_{11}民族文化差异，具体说来，可以用以下四个主要的指标来反映民族文化差异：权利距离、不确定性回避、个人主义与集体主义倾向、功利主义与人文主义倾向。

U_{12}区域文化差异，反映了不同地区之间在价值观念、宗教信仰、种族优越感、语言、思维方式等方面的文化差异程度。企业的价值观、行为准则、习惯、传统和规则、规范都必然带有所在地区的文化特色，地区之间企业文化差异也是并购中文化风险的重要因素。

U_{13}制度文化差异，反映了所有制形式、法律、分配政策、政府行为等方面的差异对并购企业文化的影响程度。制度文化差异体现了并购企业之间所处的外部社会环境文化背景差异，这些差异造成并购企业间文化的差异，成为形成文化风险的因素。

U_{14}行业文化差异，反映了由不同行业之间在经营理念、行为方式、制度规范等方面存在的差异而导致并购文化风险的程度。由于不同行业有不同特点，使得行业之间在市场观念、用户观念、竞争观念、创新观念、风险观念等文化观念上存在差异。

（二）企业内部文化风险 U_2

U_{21}企业文化背景差异，如企业文化历史和知名度等背景。

U_{22}企业多元文化的包容度，并购企业对原有企业的核心价值观有着高度的认同和文化的定势，从而对接受和理解与之相异目标企业文化的包容能力。

U_{23}两种企业文化差异的处理方式，并购企业对与之相异目标企业文化的处理方式的选择：同化或兼并。

U_{24}企业组织的应变能力，即企业所有员工获取企业相关信息及对环境变化作出反应的程度。

U_{25}员工结构差异，如并购企业与目标企业员工在知识结构、技能结构等方面的差异。

U_{26}管理决策流程，如并购企业与目标企业在制定重要决策流程等方面的差异。

（三）并购管理与沟通风险 U_3

U_{31}并购动机。并购的直接动机是追求经营上的协同效应，还是为了获取财务上的协同效应，还是两种动机都存在。

U_{32}对目标企业的接管及整合方式。并购企业对目标企业中相应的业务单位采取“强制整合”或“平等合并”，并购整合也将会遇到不同的文化阻力。

U_{33}企业内部的沟通能力，即企业管理人员跨团队沟通的频率和效果。

U_{34}冲突的宽容度，即企业内部不同冲突群体明确相关冲突及宽容的程度。

三、综合评价模型的建立

(一)确定企业文化风险评价的因素集

企业文化风险评价的因素集可设定为$U=(u_1, u_2, \cdots, u_n)$，其中$u_i$为影响评价对象的因素，$i=1, 2, \cdots, n$。这里，可定义$U=(u_1, u_2, u_3)$，即$U=$(外部环境文化风险、企业内部文化风险、并购管理与沟通风险)，其中$u_1=(u_{11}, u_{12}, u_{13}, u_{14})$；$u_2=(u_{21}, u_{22}, u_{23}, u_{24}, u_{25}, u_{26})$；$u_3=(u_{31}, u_{32}, u_{33}, u_{34})$。

(二)确定企业文化风险评价的评语集

设评语集为$V=(v_1, v_2, \cdots, v_m)$，其中$v_j$表示评价结果，$j=1, 2, \cdots, m$，评价等级个数$m$通常在4~9。这里取$m=5$，$V=(v_1, v_2, v_3, v_4, v_5)$，即$V=$(风险非常大、风险较大、风险一般、风险较小、风险非常小)。

(三)确定各评价因素间的权数分配

设$A=(a_1, a_2, \cdots, a_n)$是$U$的一个模糊子集，称为权重分配集；其中，$\sum_{i=1}^{n} a_i=1$，$a>0$，$a_i$表示第$i$个因素在综合评价中的重要程度。

权重的确定采用Delphi法(专家调查法)、AHP法(层次分析法)等方法，为适合于模糊运算，一般要求权重的分量和为1。权重是表示各指标在目标评价中所起作用程度不同的系数，权重的确定对总体评价结果有重要影响。同一组指标值，不同的权重系数，会导致相差很大的评价结果。采用AHP方法确定指标体系权重，其步骤如下：

第一，建立递阶层次结构，将评价目标层次化。

第二，构造两两比较判断矩阵。为了比较某一层中指标对上一层某一个指标影响的相对重要性，邀请专家对同一层中的各指标进行两两比较，比较的结果即构成判断矩阵，这一步是进行层次分析法的关键。在进行两两成对比较时，为将相对重要性数量化，采用1~9标度，其含义如表5-2所示：

表5-2　**1~9标度的含义**

标　度	含　义
1	两指标相比，具有相同的重要性
3	两指标相比，一个指标比另一个指标稍微重要
5	两指标相比，一个指标比另一个指标明显重要
7	两指标相比，一个指标比另一个指标强烈重要
9	两指标相比，一个指标比另一个指标极为重要
2，4，6，8	分别为上述相邻判断的中间值

这样，对于同一层次 n 个评价指标，可得到两两比较判断矩阵 A：

$$A=(a_{ij})_{n\times m}$$

矩阵 A 具有如下性质：$a_{ij}>0$；$a_{ij}=\frac{1}{a_{ij}}$；$a_{ii=1}$

第三，计算各评价指标的相对权重向量。对判断矩阵 A，计算满足 $AW=\lambda_{\max}W$ 的特征根和特征向量，以上公式中 $\lambda_{\max}$ 为判断矩阵的最大特征根，$W=(W_1, W_2, \cdots, W_n)$ 为对应于 $\lambda_{\max}$ 的正规化特征向量，W 的分量 W_i 即是相应指标对上一层某一指标的权值。

第四，两两比较矩阵的一致性检验。在对多因素进行比较的时候，人们往往难以保持比较前后的一致性。要使这种不一致程度保持在一个容许的范围内，就需要对成对比较矩阵进行一致性检验，其步骤如下：计算一致指标 $CI=\frac{\lambda_{\max}-n}{n-1}$，其中 n 为判断矩阵的阶数，λ_{max}为判断矩阵的最大特征根；计算一致性指标 $CR=CI/RI$，其中 RI 为随机一致性指标，其数值大小见下表。当 $CR<0.10$ 时，就认为成对比较矩阵的不一致性在容许范围内，即该成对比较矩阵具有“满意的一致性”。当 $CR\geqslant 0.10$ 时，则需对成对比较矩阵进行修正，如表 5-3 所示。

表 5-3　　**随机一致性指标 *RI* 的数值**

阶数	1	2	3	4	5	6	7	8	9
RI 值	0.00	0.00	0.58	0.90	1.12	1.24	1.32	1.41	1.45

（四）确定模糊评价变换矩阵 *R*

通过对每一个因素的判断，给出每个因素的评语等级，这样就建立起评价因素与评语等级之间的关系，即从 U 到 V 的模糊关系，这可用模糊评价变换矩阵 R 进行描述。

$$R=(r_{ij})_{n\times m}=\begin{pmatrix} r_{11} & \cdots & r_{1n} \\ \vdots & \ddots & \vdots \\ r_{m1} & \cdots & r_{mn} \end{pmatrix},\quad r_{ij\,(i=1,2,\cdots,m,j=1,2,\cdots,n)},$$

其中 r_{ij} 表示因素 u_i 对评语等级 v_j 的隶属度，$0\leqslant r_{ij}\leqslant 1$。

（五）建立一级多因素模糊综合评价模型

鉴于单因素模糊评价只能反映一个因素对评价对象的影响。为了取得所有因素对评价对象的综合影响结果，需要进行综合评价。由因素集 U 上的模糊集 $A=(a_1,\ a_2,\ \cdots,\ a_n)$ 和模糊评价变换矩阵 R 可构造出如下单级模糊综合评价模型：

$$B=A\ o\ R=(a_1,\ a_2,\ \cdots,\ a_n)\begin{pmatrix} r_{11} & \cdots & r_{1n} \\ \vdots & \ddots & \vdots \\ r_{m1} & \cdots & r_{mn} \end{pmatrix}$$

（六）多级模糊综合评价模型

在复杂系统中，由于要考虑的因素很多，多因素间往往还有多层次之分。对于这类多层次问题，可以先对诸子问题分别进行综合评价，然后再对总体进行综合评价，即先对低层次因素进行综合，再对高一层的因素进行综合，直至最顶层。多级模糊综合评价模型如下：

$$B=A\ o\ R=(a_1,\ a_2,\ a_3)\ o\begin{bmatrix}B_1\\B_2\\B_3\end{bmatrix}$$

由以上公式可知：A 为模糊综合评价中 n 个因素 u_i 的权数($n=3$)，即 u_i 层对上一层的权重；A_i 为 $u_i\{u_{i1},\ u_{i2},\ \cdots,\ u_{ik}\}$ 中第 i 个因素 u_{ij} 的权数分配，即 u_{ij} 层对 u_i 层的权重分配；R 和 R_i 分别为第一层和第二层的模糊评价变换矩阵。B 为 U 的综合评价结果，这里采用德尔斐法和层次分析法(AHP)来确定 A 和 A_i 的权重值。

第五节　模型应用

中国企业并购跨国企业后，首先面临的往往就是文化冲突和管理问题。东西方文化差异和管理风格的差异令中国企业不知如何去驾驭或激励远在海外的被并购公司。

一、明基并购西门子的背景介绍

明基是台湾企业，尽管 1994 年才作为宏基的手机业务切入手机市场，到 2004 年明基手机的市场占有率在全球已经达到 2%。明基 CEO 李耀雄心勃勃地希望通过并购西门子获得品牌优势和国际市场。相比起明基对市场的快速反应，西门子是一个百年历史的德国老牌企业，具有典型的德国管理风格，严谨稳重，对于市场的反应比较缓慢。这两种不同的企业文化和管理风格在并购之后产生了矛盾。对于明基派往德国西门子的台湾高管的管理方式，西门子表现出了明显的不适应和无法接受，双方的矛盾导致业务无法顺利开展，从而耽误了新产品上市等策略性举动。

明基手机部门的规模小于西门子手机部门，这种“蛇吞象”的并购本身就存在着较高的风险。加之跨国企业本身存在的文化理念和管理模式等方面的问题，在并购后的整合过程中出现的诸多困难远高于明基的预想。另外，三个季度以来德国子公司明基移动高达

8.4亿欧元的亏损也是造成总公司不再投资的主要原因。

西门子手机失败的主要原因在于其作为市场的缓慢跟从者，无法满足消费者对新品的需求。并购西门子后，明基未能及时推出适应市场需求的双品牌新品，同时跨国的整合所带来的影响，使其品牌市场份额迅速下降，对原本希望通过此次合并而快速提升自身表现的明基来说，造成了很大的打击。

明基手机部一直以来的策略是以代工养品牌，快速发展自身品牌为目的，并购国际手机大品牌，对明基长期合作的代工客户来说是个潜在威胁。而其品牌、代工不分家的经营方式，也给其代工客户源带来了影响。

明基并购西门子手机部门在经历不到1年后以失败告终，其对于明基的影响不仅限于财务的亏损，而且更严重损害了明基这一品牌在全球，特别是在欧洲的信誉。同时，西门子对明基未来能否继续使用其品牌将做出评估，如放弃继续使用西门子品牌，明基收购案将彻底失败。这一案例也警示缺乏跨国并购经验的国内企业，在并购中要综合深入地考虑文化、管理、产品等各方面的潜在因素，并在并购前对合作对象进行全面细致的评估，从而最大限度地规避风险。

二、明基并购西门子文化风险综合评价

我们从明基公司与西门子公司的企业文化现状出发，根据并购企业文化风险综合评价模型的三个主要风险因素，合理的设计了调查问卷。为保证调查结果的可靠性，在对明基公司员工进行调查之前，事先介绍说明此次调查的目的、评价原则。在此基础上，对该公司170名各个职位的员工进行了不记名问卷调查。此问卷调查共发出问卷170份，回收有效问卷145份，有效问卷的回收率为85%。同时，在外部聘请了6名资深专家组成专家小组，要求专家充分考虑明基公司与西门子公司之间的各种差异对企业并购文化风险产生的影响，对评价指标重要性程度进行评定。收集统计问卷调查和专家评定结果，对明基公司并购中文化风险具体评价过程如下：

第一步：建立指标因素集 $U=(u_1, u_2, u_3)$，其中

$u_1=(u_{11}, u_{12}, u_{13}, u_{14})$；$u_2=(u_{21}, u_{22}, u_{23}, u_{24}, u_{25}, u_{26})$；$u_3=(u_{31}, u_{32}, u_{33}, u_{34})$。

第二步：建立评语集 $V=(v_1, v_2, v_3, v_4, v_5)$=（风险非常大、风险较大、风险一般、风险较小、风险非常小）。

第三步：运用层次分析法求得指标权数 W^T。根据上述指标体系经专家打分得出判断矩阵，求出特征向量，并经一致性检验通过，得出各指标权重如下：

$$A=(a_1, a_2, a_3)=(0.25, 0.45, 0.30)$$

$$A_1=(a_{11}, a_{12}, a_{13}, a_{14})=(0.43, 0.27, 0.30)$$

$$A_2=(a_{21}, a_{22}, a_{23}, a_{24}, a_{25}, a_{26})=(0.09, 0.12, 0.17, 0.15, 0.20, 0.27)$$

$$A_3=(a_{31}, a_{32}, a_{33}, a_{34})=(0.15, 0.25, 0.35, 0.25)$$

第四步：进行单因素模糊评价。

问卷调查原始数据汇总统计结果如表 5-4 所示：

表 5-4　**问卷调查原始数据**

		v_1	v_2	v_3	v_4	v_5
U_1	U_{11}	89	40	14	2	0
	U_{12}	102	33	10	0	0
	U_{13}	70	65	8	2	0
	U_{14}	50	30	44	21	0
U_2	U_{21}	75	53	11	6	0
	U_{22}	110	25	10	0	0
	U_{23}	120	14	11	0	0
	U_{24}	85	31	20	9	0
	U_{25}	78	50	13	4	0
	U_{26}	130	15	0	0	0

续表

		v_1	v_2	v_3	v_4	v_5
U_3	U_{31}	36	50	55	4	0
	U_{32}	128	17	0	0	0
	U_{33}	103	40	2	0	0
	U_{34}	99	25	10	11	0

通过对问卷调查的结果求出各得分所占百分比，便可得出各指标的模糊评价判断矩阵如下：

$$R_1=\begin{pmatrix}0.61 & 0.28 & 0.10 & 0.01 & 0.00\\ 0.70 & 0.23 & 0.07 & 0.00 & 0.00\\ 0.48 & 0.45 & 0.06 & 0.01 & 0.00\\ 0.34 & 0.21 & 0.30 & 0.14 & 0.00\end{pmatrix}$$

$$R_2=\begin{pmatrix}0.52 & 0.37 & 0.08 & 0.04 & 0.00\\ 0.76 & 0.17 & 0.07 & 0.00 & 0.00\\ 0.83 & 0.10 & 0.08 & 0.00 & 0.00\\ 0.59 & 0.21 & 0.14 & 0.06 & 0.00\\ 0.54 & 0.34 & 0.09 & 0.03 & 0.00\\ 0.90 & 0.10 & 0.00 & 0.00 & 0.00\end{pmatrix}$$

$$R_3=\begin{pmatrix}0.25 & 0.34 & 0.38 & 0.03 & 0.00\\ 0.88 & 0.12 & 0.00 & 0.00 & 0.00\\ 0.71 & 0.28 & 0.01 & 0.00 & 0.00\\ 0.68 & 0.17 & 0.07 & 0.08 & 0.00\end{pmatrix}$$

$$B_1=A_1\ o\ R_1=(0.54,\ 0.32,\ 0.11,\ 0.03,\ 0.00)$$

$$B_2=A_2\ o\ R_2=(0.72,\ 0.20,\ 0.07,\ 0.01,\ 0.00)$$

$$B_3=A_3\ o\ R_3=(0.68,\ 0.22,\ 0.08,\ 0.02,\ 0.00)$$

第五步：进行综合评价。由第四步一级评价结果，可得：

$$R=\begin{pmatrix}B_1\\ B_2\\ B_3\end{pmatrix}=\begin{pmatrix}0.54 & 0.32 & 0.11 & 0.03 & 0.00\\ 0.72 & 0.20 & 0.07 & 0.01 & 0.00\\ 0.68 & 0.22 & 0.08 & 0.02 & 0.00\end{pmatrix}$$

$$
\begin{aligned}
B &= A \circ R \\
&= (a_1, a_2, a_3) \circ \begin{bmatrix} B_1 \\ B_2 \\ B_3 \end{bmatrix} \\
&= (0.66, 0.24, 0.08, 0.02, 0.00)
\end{aligned}
$$

归一化处理得

$$
\begin{aligned}
B &= A \circ R \\
&= (0.66, 0.24, 0.08, 0.02, 0.00) \\
B &= \max\{b_1, b_2, \cdots, b_5\} \\
&= \max\{0.66 \quad 0.24 \quad 0.08 \quad 0.02 \quad 0.00\} \\
&= 0.66 \\
&= b_1
\end{aligned}
$$

可见，b_1 大，即评价结果对评语 v_1 隶属度最大。

第六步：得出评价结论。根据隶属度最大原则，明基并购西门子文化风险综合评判所属等级是 v_1，即并购文化风险非常大。

第六章 并购企业文化整合中模式的选择

第一节 企业文化整合模式分析

一、企业文化整合模式含义

所谓企业文化整合模式，是指两个企业并购后，解决由于直接接触而产生的矛盾的一种选择。不同的企业会以不同的方式进行文化整合。从本质上说，企业文化的整合过程就是一个文化再造的过程，它既是原有文化模式被打破、消散的过程，同时又是新企业文化形成和发展的过程（Fulmer，1986）。选择企业文化模式得依据企业的性质，企业的性质决定企业文化的性质，而企业文化模式则是社会和企业生产关系的具体形式。社会经济文化生活和企业经营活动的一切方面、一切环节都会直接、间接地通过企业文化反映出来（Shrivastava，1996）。在通常情况下，企业选择文化模式的一般依据是生产力发展水平、生产关系的性质、国情和企业个性。生产力发展水平是决定企业文化模式的基本依据。劳动密集型企业与技术密集型企业或知识密集型企业，其文化模式各不相同。生产关系的性质规定了企业文化模式的社会经济性质（Terry，2000；崔宝军，2007）。

二、西方理论中的四种文化整合模式

企业并购的文化冲突如果处理不好会影响并购双方的协作，给企业经营管理造成危害，甚至导致企业并购的失败。因此有必要对

并购双方的文化加以整合，从而化解企业并购的文化冲突。在西方企业文化整合研究的理论中，传统的文化整合模式基本上是基于文化适应的观点。根据并购双方企业文化的变化程度及并购方获得的企业控制权的深度，企业文化整合模式主要有以下四种（如图 6-1）：

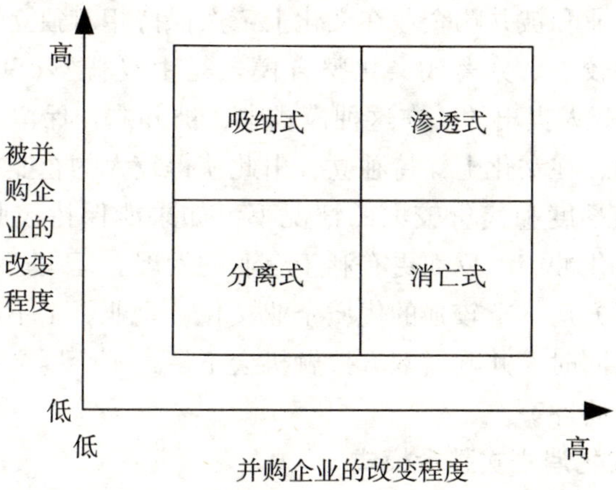

图 6-1　西方理论中的四种文化整合模式

（一）吸纳式文化整合模式

由奈哈迈德（Nahavandi，1993）提出的吸纳式文化整合模式，也称同化模式，是指被并购方完全放弃原有的价值理念和行为假设，全盘接受并购方的企业文化，使并购方获得完全的企业控制权。鉴于文化是通过长期习惯根植于心灵深处的东西，很难轻易舍弃。奈哈迈德（Nahavandi）认为这种整合模式从理论上看来非常简单，但操作起来很困难，只适用于被并购方企业文化很弱且对并购方文化有认同感这样的情况。海尔集团文化整合案例就是一个典型的吸纳式文化整合模式。

（二）渗透式文化整合模式

渗透式文化整合模式是由伊万斯（Evans）提出的。并购双方在文化上进行平等的沟通，取长补短，所以又被称为“平衡式整合模式”。伊万斯(Evans)通过分析丹麦最大两家银行的并购案例指出，渗透式文化整合模式主要适用于并购双方组织文化各有优缺点，强度相似，彼此都较欣赏对方的组织文化的情况。而且他认为与吸纳式相比，这种模式的操作性较强，但是并购方将放弃部分控制权，承担的风险增大。

(三)分离式文化整合模式

并购企业和被并购企业在文化上依然保持相对独立性，双方的文化变动都较小。分离式文化整合模式是由夏普罗(Shapiro)、彼克(Picker)等人提出的。在这种模式中，被并购方保留其原有文化要素和实践，在文化上保持独立，由此获得较大的企业控制权。在文化整合的难度和代价较大的情况下，如果能保持彼此的文化独立，避免文化冲突，反而更有利于企业的发展。运用这种模式的前提是并购双方均具有较强的优质企业文化，企业员工不愿企业文化有所改变，同时，并购后双方接触机会不多，不会因文化不一致而产生大的矛盾冲突。

(四)文化消亡式整合模式

由贝瑞(Berry)和安尼斯(Annis)提出的文化消亡式整合模式，是指被并购方既不接纳并购企业的文化，又放弃了自己原有文化，从而处于文化迷茫状态的整合情况。两位学者认为这种模式有时是并购方有意选择的，其目的是为了将目标企业揉成一盘散沙以便于控制，有时却可能是文化整合失败导致的结果。无论是何种情况，其前提是被并购企业甚至是并购企业拥有很弱的劣质文化。这种模式可能导致四个模式中最高水平的风险，因而是最难管理的。但是，在现实的企业并购活动中，文化消亡会因为双方不能就如何合并达成一致而没有能力创造性地解决冲突而经常发生。

三、并购企业文化整合的主要模式

对于并购企业文化整合应采取怎样的模式，理论界争论不一。有学者认为通常并购企业在经营业绩、管理方法和企业文化方面总是比被并购企业占有优势，而且并购方掌握了控制权，对企业文化的塑造占有主动性，所以企业文化整合就是改造被并购企业文化使其与并购企业保持一致的过程。但是，企业并购的实践证明，这种将企业文化强行灌输给被并购企业的整合方法并不适合于所有的并购。因此，又有学者提出，企业文化整合应该遵循“权变原则”，不存在最佳模式。

实际上，并购文化整合必须根据跨国并购双方的不同文化特征，选择相应的文化整合模式。在并购文化整合模式的选择过程中，不仅要考虑文化差异的影响和并购企业的管理能力，还要考虑并购双方企业文化的类型、优劣、强弱程度、文化吸引力以及母公司对多元文化的容忍度等因素（Shapiro，1991；Nahavandi，1993；Risberg，2003；潘爱玲，2004；闻学，2007）。

本研究在充分借鉴西方理论中四种文化整合模式的基础上，并根据当今并购企业自身情况选取的文化整合模式，归纳出以下几种主要模式：

（一）移植模式

移植模式是指将并购企业文化体系的主体移植到被并购的企业中去，而较少考虑被并购企业所在地的本土文化和原有的组织文化，也称文化替代模式或注入式整合模式。这种模式让被并购方完全放弃原有的价值理念和行为假设，全盘接受并购方的企业文化，使并购方获得完全的企业控制权。这种策略适用于双方社会文化背景差异较小的跨国并购，如果并购企业文化是强势文化，而被并购企业的地域文化或原有组织文化是弱势文化，并购企业就可以通过适当的方式和手段，将本企业的精神文化、制度文化等导入目标企业，使被并购企业的弱文化受到优势文化的冲击而被替代。这种文化整合模式的优点是整合过程中有一个强力型的核心文化起主导和推动作用，整合速度较快，效果明显。例如，海尔集团在并购过程中提出“吃休克鱼”的独特思路，把自己的优秀文化注入目标企业，利用优秀企业文化去激活闲置的资产，使其扩张之路取得了极大的成功。思科、可口可乐和通用公司在跨国并购文化整合中，一般都采用这种模式。但由于此模式是一种自上而下的文化整合，常常带有强制性，容易受到被并购企业员工的抵制，愤怒、敌对、失望的情绪会导致很多问题的出现，有一定的文化风险。因此，采用该模式时，企业要注意被并购企业员工的抵抗心理，并防止并购企业优越感和被并购企业自卑感的产生与冲突。例如，松下公司为了发挥技术优势进入娱乐行业，就收买了公司，在整合时，松下公司想把公司注重娱乐而又无拘无束的好莱坞式文化观念归化为其本身沉稳庄重、强调实际的日本式文化观念，两者发生了强烈的文化冲突，松下公司后来只有把公司卖给了西格拉姆公司。所以在选择这种整合模式时需要慎重，尤其是在强强联合以及并购双方的民族文化差异很大时，要尽量避免完全的强制式移植模式(如图 6-2)。

图 6-2　移植模式

(二)隔离模式

当被收购企业试图通过保留其所有的文化要素和实践而保持它的独立和企业个性时，文化整合过程通常就会形成一种隔离模式。在这种情况下，被收购企业的成员拒绝任何层次的并购企业对自己的同化，他们希望作为一个独立的公司而生存与发展。因此，隔离模式在并购双方间产生的接触和交换最少。由于被收购企业要求保持独立并拒绝母公司的组织、文化要素和实践，隔离将导致相当数量的冲突。与前两种文化整合模式一样，并购双方在文化整合模式选择上的一致，是减少冲突的关键。在隔离的条件下，并购企业将难以对被收购企业进行最有效的控制，因此对并购企业来说，隔离是一种具有很高风险的选择。在并购企业对被收购企业缺乏有效控制的情况下，被收购企业的错误可能使并购企业陷入危险的境地。此外，隔离对并购企业的文化变化要求很少。在结构上，也只有在公司层次增设新部门，才不会引起其日常报告关系的调整。对于被收购企业来说，隔离可能是最容易的一种文化整合模式。在隔离的条件下，被收购企业可以保留自己的文化和实践并自主地进行生产和经营，因此采取这种模式能保持彼此的文化独立，避免冲突，反而更有利于企业发展。如美国通用电气公司控股日本五十铃公司时，由于美日国家文化以及双方企业文化都有很大的差异，通用公司并没有向五十铃公司输入自己的文化模式，而是采用了文化隔离的方式。另外，如果并购方和被并购方不是在同一行业，并购只是母公司多元化战略的行为，这样的并购，一般不需要做任何的整合。例如美国钢铁公司并购石油公司，并购后两家公司没有做任何文化上的整合。这种整合方式从短期来看，可以避免文化冲突所带来的风险，但从长期来看，很多情况是行不通的。从被并购企业角度讲，由于被并购企业总是受制于并购企业的，如果两家企业文化迥然相异，被收购企业的管理层尤其是中高层管理者肯定会产生抵触感、危机感，所以他们一旦找到合适的发展机会就会离开公司，造成人才的流失。此外，从并购企业来看，在并购的过程中肯定会产生一定的剩余人力资源。对这些人员的安置与对待问题，两种企业文化肯定会产生矛盾。而且，并购是为了带来规模经济，如果存在文化差异，文化冲突便会抵消一部分规模经济，甚至会产生“规模负经济”的效果(如图 6-3)。

图 6-3　隔离模式

(三)引进模式

在跨国并购中，并购企业虽然在经营权和所有权上具有优势地位，但其企业文化可能只处于低级阶段的水平，相反，被并购企业虽然在经营权和所有权的争夺中处于下风，但其文化可能已处于高阶段的水平。在这种情况下，根据利益最大化的经济原则，并购企业就应当从整个企业的大局着眼，对被并购企业的优势资源予以充分的肯定与尊重，要予以足够的重视，力争把握其文化的精髓。此外，还要将这些从被并购企业文化中抽象出来的精华部分进行一番雕琢使之系统化、理论化，然后再将其纳入自己的文化中，使之成为并购企业的文化金字塔中一个不可或缺的组成部分。通过这种方式，并购企业可以充分利用被并购企业先进的文化资源，成功实现两种企业资源的优势互补，为企业的全面整合乃至并购动机的实现迈出坚实的一步。这种整合方式的特点是虽然并购企业在并购大战中取得了决定性的胜利，但它非常尊重对方，向对方学习其文化的合理内核，这种做法必然也会赢得被并购企业员工普遍的尊重与好感，为企业文化的全面整合奠定坚实的情感基础。这种整合方式的最大优点是不仅能博采两家之所长实现并购企业的并购目标，同时其挑起的文化冲突与纠纷也最小，从而使企业文化的整合风险实现软着陆。当然，这种整合模式也存在着不足，若被并购文化的精华部分虽然在被并购企业中能发挥出色的作用，但却不适应并购企业的文化，这样反而会阻碍并购企业的文化发展，造成优势资源的极大浪费。这种文化整合模式在以弱胜强型并购中较为常见(如图6-4)。

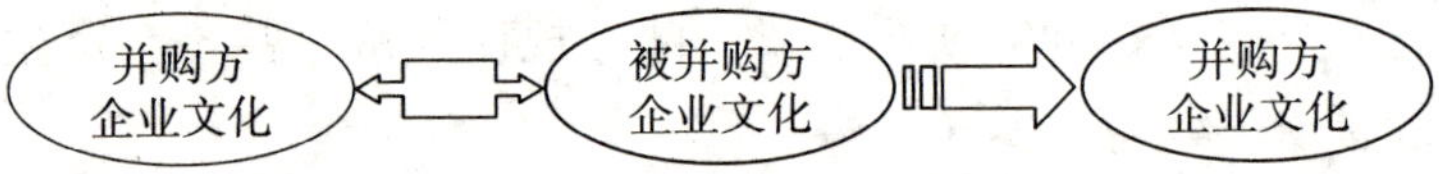

图6-4　引进模式

(四)促进模式

促进模式主要是指在并购双方中针对被收购方的企业文化较强、更为优质的情形，而采取的文化整合模式。这种模式的主要特点是并购方不整合被并购方，而是让被并购方的文化影响并购方的文化转变。但是，如果并购企业的优质文化在强度上相对较弱，被并购企业的劣质文化在强度上相对较强，那么并购企业既要增加本企业优质文化的强度，又要改造被并购企业的劣质文化，使并购双方都形成种新型的优势强文化，以便更适应双方的合作和促进企业的发展(如图6-5)。

(五)融合模式

当并购双方的成员都希望保存各自企业现有的大部分个性、文

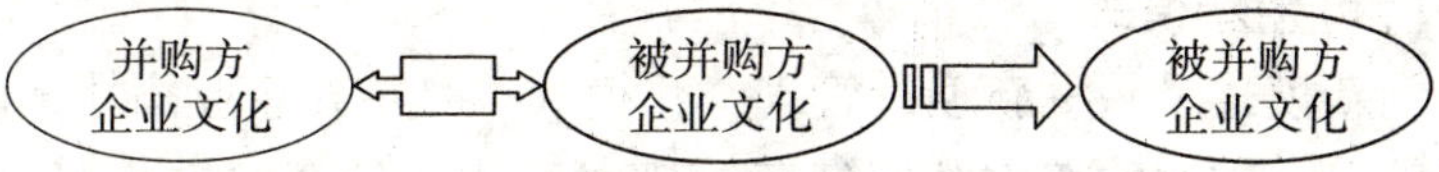

图 6-5　促进模式

化特质和组织实践时，融合将是一种合适的文化整合模式。在这种情况下，并购双方都会希望保留相对独立的经营自主权，选择各自精华的部分紧密融合成员，企业有目的地吸纳对方企业的优良文化成果或文化经验，达成文化共识，在此基础上构造新企业的文化体系。融合式文化整合模式的优点在于，以求同存异为原则，进行文化互补，容易得到并购双方的认同与欢迎，可减少文化整合的阻力，降低文化风险。从理论上来讲，融合要求并购双方都能够从对方文化中获益，但又不对任何一方的文化个性造成破坏。因此，即使在被收购企业已在法律和财务上成为母公司一部分的情况下，并购企业也要允许被收购企业保持一定的自主权和独立性，以保持后者的文化个性。这样，融合将导致两个组织的结构同化，而很少有文化和行为的同化。融合模式的一个重要特征就是在并购双方组织间会出现某些文化要素的相互渗透和共享。也就是说，并购双方都将改变自己的部分文化，同时又从对方吸取一定的文化要素。因此，在融合过程中，并购双方都要承担一定的风险，即它一方面会失去对自己组织和文化的一部分控制，另一方面也会获得对对方组织和文化的一部分控制。例如，上海贝尔公司是由中国邮电工业总公司、比利时阿尔卡特公司和比利时王国政府基金会合资建立的。在公司案例建立之初，各方就本着互惠互利的原则，加强沟通，精诚团结，逐步形成了全新的“团结、奋进、为大家”的贝尔文化(如图6-6)。

图 6-6　融合模式

(六)创新模式

创新模式是一种新型的管理文化模式，是指在企业团体共同利益基础上，在并购双方共同经营管理过程中，经过双方相互了解、协调而达成的并购双方共识的管理文化模式。并购双方在对企业文化差异的相互了解和理解的基础上重建一个对企业团体的生存、发展有利的崭新文化。它超越了个别成员的文化模式，产生于并购双方为达到共同目标而联合努力的过程中。当并购双方都比较优秀，又属于同一个行业，这种战略模式就有助于新企业真正整合双方最好的方面而形成新文化(如图6-7)。

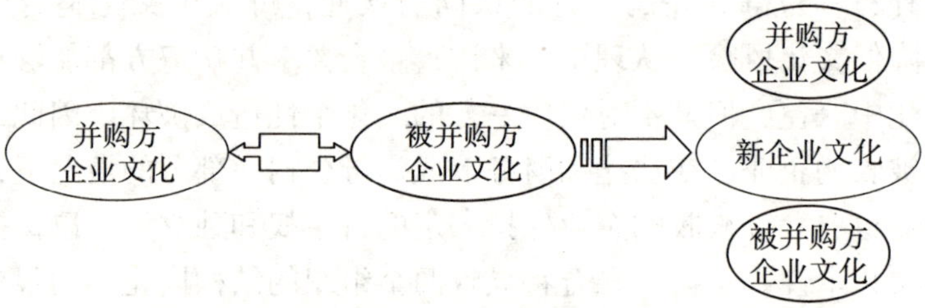

图6-7　创新模式

第二节　并购企业文化整合的模式与流程设计

并购企业需要掌握文化整合的方法和技巧，才有可能取得成功(潘爱玲，2004)。为了解决文化整合基础的三种挑战，结合并购企业的现实情况与国外文化的差异，针对文化整合的不同阶段，并购企业在不同阶段应该采取不同的策略(如图6-8)。

一、探索阶段

这一阶段指的是跨国并购早期的一段时间，并购双方为探讨并购的可行性进行初步接触和交往，双方管理层和员工走到一起，彼此间开始跨文化沟通和文化整合的探索，并且根据考察的结果作出整合方案的时期，这是文化整合的准备阶段。在这一阶段，人们主

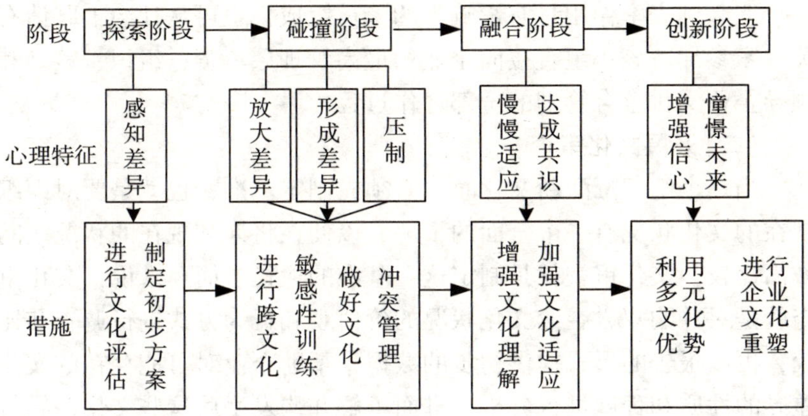

图 6-8 并购文化整合流程图

要是感知差异，双方都比较小心地、试探性地理解对方的文化，注意两个企业领导的管理风格、行为模式以及各自的产品和声誉等。这一阶段的心理特征根据并购双方的文化特征的感知，员工或者欣喜兴奋或者拒绝否定，潜在的冲突已经蕴涵。在探索阶段，进行跨国并购的中国企业的主要工作是全面考察和评估并购双方的文化背景情况、可能出现的冲突，并根据考察结果制订初步整合方案。双方决策者不能忽视虽未发生但已经存在的文化冲突，尤其是民族文化的冲突，应积极地进行相互了解、沟通和评估，并努力寻找共同的文化基因。全球最大的网络公司——思科系统公司，在实施兼并战略时，配有专门的“文化警察”，来考察和评估被收购公司的企业文化及其对思科公司的适应性，这对进行跨国并购的中国企业是一个很好的启示。在这一阶段，可采取的主要文化整合策略主要有：

（一）成立文化整合小组

企业的并购带来的是思维模式的强烈变革和不同企业文化的巨大撞击。这种企业文化的裂变、再生必然伴随着保守与开放、落后与先进的较量。如果文化整合处理过于草率，缺乏有效的管理沟通，其结果必然造成并购后企业内部更大的摩擦与消耗。尤其是在跨国并购中，中国企业可以考虑组建一个文化整合领导小组。小组成员可由并购双方选派具有一定的企业文化管理经验、为员工所信赖、能起到表率作用且有影响力的人员组成，也可从社会上聘请有关专家参加。该小组直接向企业的最高管理层负责，组织、策划和领导企业文化整合管理的全部运作过程。

（二）开展文化审查

当一个组织酝酿新文化时，必须先制定基准，也就是要对组织现在的文化状况有一个全面的了解，以便在将来和现在的状况之间作出比较。文化审查就是制定这一基准的途径。简单来说，文化审查就是对并购双方企业文化状况的价值观和行为方式进行调查和比较，再以报告的形式提供初步的数据，帮助企业对可能存在的文化差异的性质和程度进行分析，进而了解并购发生后这些文化差异将会产生怎样的影响。实施跨国并购战略的中国企业在开展文化审查活动时，第一步就要求文化整合小组从自己企业的文化审慎调查开始，在了解了自身的企业文化之后，还需要对被并购方进行审慎调查，将调查的重点放在企业的核心价值观、主要规则和做法、共同接受的行为规范和主要领导者的管理风格上。除了分析企业文化外，还要对双方的国家文化进行审慎分析。通过对国家文化维度的比较，了解国家文化之间的共性和差异。在文化审查方式选择上，并购小组可以通过访谈、焦点小组、问卷调查、第二手资料研究等方式获得主要文化信息，访谈对象包括公司高层、员工、客户、供应商等企业相关利益者。通过开展文化审查活动，可以建立文化档案，提供文化审查报告，从而为整合方案的制订提供依据。

二、碰撞阶段

碰撞阶段是文化整合计划开始执行的阶段，这一阶段由于新文化的导入，常常伴随着较大的变革和震动。在这一阶段，文化冲突常常成为需要解决的主要问题。不同形态的文化或者文化要素之间相互独立、相互排斥，它既包括跨国企业母国文化与东道国的文化观念不同而产生的冲突，又包括了两个企业由于管理方式、核心理念不同而产生的文化冲突。随着两种文化接触的深入，两种文化本质的深层次的矛盾以及与这些文化本质决定的管理价值观的冲突必然走向公开化。

这一阶段的文化冲突往往会经历放大差异、形成成见、压制的过程，两个企业可感知的差异随着时间的延长逐渐尖锐和突出，差异被放大，人们根据感知和放大的差异来概括对方管理层和员工的领导风格、做事方式，认为对方员工在几乎所有的方面都很相像，于是用一些简短术语把他们典型化，作出一般性的、带有成见的结论，从而另一企业的文化就会被压制，被压制一方的员工就会表现出失望、沮丧、心理失衡，甚至愤怒。在海外工作的员工深受异族文化的包围，不同文化的风俗习惯、行为举止的差异、不同价值观的差异和语言障碍等常使他们身心紧张不安，情绪失常，容易在心理上产生孤独感，他们常常会因不适而产生离职的想法。在这一阶段，进行跨国并购的中国企业主要是要做好文化冲突管理，可采取的主要策略有：

（一）建立有效的沟通机制

企业文化整合是一个文化碰撞与融合的过程，而双方文化的相互了解是文化整合的前提。沟通要注意充分理解和尊重并购双方员工的文化传统和感情因素，平等相处，相互尊重。在跨国并购中，有效沟通的障碍已经成为并购后新企业面对的一大挑战。尤其是面对语言的差异，跨国并购的企业要尽快建立沟通机制，保持沟通渠道的畅通，促进企业和员工之间、员工和领导之间、员工和员工之间的沟通，促进价值观、管理、信息、情感等多层面、多角度的沟通，促进企业目标的有效传递，在企业内部努力营造和谐氛围，从而达到增进了解、相互信任，切实增强并购后企业的凝聚力。

（二）开展跨文化培训

培训是公认的实现跨文化整合的一项基本手段。跨文化培训应当是人力资源发展的重心所在（Schneider，1997）。许多国外的跨国公司普遍认为中国经理有较强的分析能力，他们能迅速地接受和掌握新的技术，但是他们却不懂得公司为什么要以一定的方式运作。因此，调研公司把解决问题、领导技巧、人际沟通、创造性思维以及谈判技巧列为中国经理人最需要的技能。跨文化培训的主要内容包括对文化的认识、文化的敏感性训练、语言学习、跨文化沟通及冲突处理、地区环境模拟等。

一般跨国公司有两种培训方法可供选择：一种是通过公司的内部培训机构、人员或设施进行培训。例如，朗讯就在公司内部制订了富有创意而又低成本的培训计划，旨在解决文化多样性和重大经营等方面的问题。这套培训计划包括通过影像向全体员工播放半天针对国别情况的讨论会，向所有面临现实需要或问题的相关员工提供半天的经营文化心理课程，设立公司内部网站，提供各国文化和实用旅行信息。公司还可以通过外包的方式，利用外部培训机构，如大学、科研机构、咨询公司等进行培训。中国企业在开展跨文化培训中，可以采取两种方式相结合的方法，设立了跨文化培训机构或利用外包的形式，将不同企业文化背景的经营管理人员、普通员工结合在一起进行多渠道、多形式的培训，从而加强每个员工对新文化环境的适应性，增强合作意识。

三、融合阶段

这是两种文化逐渐融合、逐渐认同的一个阶段，就一般情况而言，与国内企业并购后的文化适应相比，跨国并购中文化适应所需时间周期要长得多，花费的各种代价也要大一些，如果融合不成功，也有可能产生更为激烈的文化冲突。因此，在这一阶段，并购双方要通过增进跨文化理解来实现积极的融合与适应，调整和维护文化整合过程中形成的一系列管理制度。实施跨国并购战略的中国企业在加强文化适应方面可采取以下策略：

（一）制定稳定的人力资源和薪酬政策

并购后被并购企业常常出现人才流失现象。这主要是由某些员工担心新环境下的适应问题，以向外流动来躲避因两种企业制度在整合时产生的摩擦而引起的。而人才的大量流失等于宣告并购的破产，企业文化整合也就无从谈起。因此，留住人才、稳定人才从而减少因并购而引起的人员震荡，就成为企业并购中文化整合管理的一个不可或缺的内容。这就要求并购企业在文化整合管理的过程中制定稳定人力资源的政策。如中国企业在跨国并购中，对被并购企业的员工可采考虑采取以下措施：一是明确对人才的态度。并购企业对人才尤其是高层管理者的态度将会影响被并购企业员工的去留。如果并购企业重视人力资源管理，被兼并企业人员将会感到继续发展机会的存在，自然愿意留任。二是并购企业还应采取实质性的激励措施。若有更好的任用条件，被兼并企业人才必然愿意留任。因此，详细的人才留任措施，常常成为收购协商中并购双方关注的焦点。

（二）选择合适的文化适应模式

文化适应进程依赖于并购双方的偏好，并购双方在选择文化适应模式上的一致可以使冲突的解决过程变得容易和顺畅，反之则易于使冲突升级到破坏性的水平，这不仅可能导致被并购企业成员的高度紧张，而且可能使他们在心理上产生孤独感，而这又将进一步导致文化的破坏。中国企业目前跨国并购的目标多是欧美的成熟企业，它们对自身的文化有很高的认同度并希望保持。相比之下，中国企业的文化还相对不成熟。因此，在并购后的文化整合过程中，中国企业应该考虑采取渐进模式，主动吸收被收购企业文化中先进的成分，以及放弃原有企业文化中无法被并购企业所认同的文化因素，从而推进文化整合进程。

四、创新阶段

通过文化融合阶段，员工加强了对不同文化的适应性，在并购双方文化趋于融合的基础上，并购企业创新或整合成新的文化。在这一阶段，跨国并购的中国企业应注意的是不能只强调文化差异消极的一面，而应看到文化差异积极的一面。跨国公司建立自己的企业文化的过程并不是消除原有民族文化差异的过程，而是在尊重和保留民族文化的前提下，建立“超越个别成员的文化模式”的全新的共享文化的过程。因此，跨国并购后新型企业文化的培育和创新要平等对待母国文化与东道国文化，是母国文化和东道国文化的有机融合。在这一阶段，跨国并购中的中国企业应该做到如下几点：

（一）构建共同的组织远景

共同的组织远景有利于减少文化冲突，使得每个员工能够把自己的思想与行为同公司的经营业务和宗旨结合起来，也使并购后的公司更为紧密团结，增加并购后企业的文化变迁能力。跨国并购后的中国企业应在对文化共性认识的基础上建立起共同的组织远景，明确实现这个远景的计划和步骤，同时通过各种方式在双方员工中不断宣传和沟通这一方案，并得到大家的认同。

(二)内化企业文化机制

在中国的许多企业，领导者对于企业文化的理解仍停留在从字面上对企业文化进行描述的阶段，企业文化仅仅被当做一种对内和对外宣传的工具，并没有真正成为整体组织的信仰和价值观，也没有成为员工共同遵守的原则。通过评估基于共同组织远景的新企业运行情况，企业可以得到关于文化整合行动效率的基本认识，进而作出内化或者进一步调整的决策。尤其是在跨国并购中，为了使口头或书面上的文字真正内化到企业中去，并购企业在文化整合中企业的管理者特别是高层管理者必须身体力行地遵守企业文化的要求；在人才选拔过程中将是否符合企业文化的要求作为重要的评价标准；建立与企业文化匹配的激励机制，并且对员工进行持续不断的培训和教育，从而使得企业文化能够真正付诸实践。

第三节　并购企业文化整合模式选择模型

一、文化整合模式的选择原则

要想促使文化整合成功，企业在进行文化整合模式选择时，应该注意以下几个原则：

(一)方向性原则

文化整合的目标应以整合后的企业总体目标为指引，因而文化整合模式的选择也要有利于该目标的达成。这种文化整合模式，应该既能够把并购双方文化作为一个有机的整体，对整合工作作一个全面性的安排，同时便于把文化整合工作与企业其他方面的整合工作统一起来，发挥整体优势，又易于处理好整合过程中整体利益与部分利益的关系，以对人的管理促进对财、物的管理，充分发挥双方员工的主动性、积极性、创造性，激发他们的工作热情，从而最终实现并购的目标。

(二)客观性原则

在企业文化整合中，双方企业文化的优劣、强弱不同，因此在做整合模式的选择时，要坚持实事求是，一切从实际出发，深入地了解和把握企业的内外部环境，根据并购后企业的发展目标，分析和预测未来企业文化整合过程中可能遇到的各种有利因素和不利因素。只有这样，才能为企业文化整合提供客观的、合适的整合模式。

(三)平等性原则

企业文化整合是企业的长期行为，一方面要不断保留和吸收双方企业文化中有利于未来企业发展的文化精髓，另一方面也要不断地摒弃原有企业文化中不利于未来企业发展的因素。这一过程需要全体员工本着双方平等的心态，并购双方中的任一方都不能采取居高临下的态度，不能随意否定对方的企业文化，而是应该采取沟通的方式进行认真分析与协商，从而为文化整合模式的选择提供一个客观的依据。

(四)成本效益原则

企业并购后是否成功，以是否实现其预期效益为衡量标准。而企业文化作为一种经济文化，也是以追求利润最大化作为出发点和归宿点的。只有企业文化能够为企业带来效益，才能被企业员工认同。因此，企业文化整合也必须以最小的投入获得最大的收获为基准。由于在文化整合过程中，有可能出现多种不确定因素，诸如人的因素、制度的因素等，使得并购成本不可控，从而加大并购的风险。因此，企业在选择文化整合模式时，既要考虑短期成本，也要考虑长期成本；既要考虑微观成本，又要考虑宏观成本。

(五)灵活性原则

企业文化是为企业扩张和发展战略服务的，而企业战略是随着内外部环境的不断变化而不断调整的，企业文化自身也要不断革新、创新与发展，以适应日益激烈、变幻莫测的市场环境。为此，在选择和使用文化整合模式时，既要着力于企业的发展，也要着力于企业文化自身的发展。由于并购后企业文化的多样性和复杂性，并购过程中会出现诸多不可预测的因素，对于这种情况的发生，企业文化整合模式也要随之灵活调整，不能一成不变、死守教条。

二、影响文化整合模式选择的主要因素

在并购之前，并购方要想做好文化整合模式的选择，就必须考虑到许多影响并决定文化整合模式的因素，分析、了解这些因素，评估这些因素在文化整合时的影响力度，对于正确选择并购之后的文化整合策略、推动并购整合的顺利进行将是至关重要的（Cartwright，1993；徐笑君，1998；Terry，2000；宋富华，2003；Clemente，2003；Arjen，2006；樊耘，2007）。结合不同学者的研究分析，归纳和综合了如下主要影响因素：

（一）不同并购战略目标对文化整合程度的要求

不同的并购战略决定了双方整合时的力度与深度，当整合力度和深度越强时，发生文化冲突的可能性则越大。例如，如果并购企业实施横向并购时，由于并购双方的业务相关性强，并购方一般都会谋求组织整合来实现协同，这很可能导致并购方试图对被收购企业的文化和实践进行干预，进行文化整合的力度就会相应大些。在这种情况下，移植或融合是最可能被选择的文化整合模式。这两种模式都涉及组织间大量的文化和管理要素的交换。如果并购企业实施纵向并购时，由于并购方与被并购方的业务不同，并购者不大可能将自己的文化和实践强加于被收购的企业，由于没有获得经营协同效应的需要，双方文化相对独立性会大些。这种情况下，最适宜的文化整合模式是隔离模式。因为两个企业没有关联性，并购者对于被收购企业的观念、经营和技术等方面的干预性要小得多，所以给予收购企业的自主权和独立性就会更多一些。

（二）并购方企业的多文化宽容度

当并购方对异质文化比较宽容，或者被并购企业对外来文化也比较宽容的时候，都会减轻企业文化差异对并购绩效的负面影响。如果并购方企业文化是多元化的，那么这个组织不仅包含了多个不同的文化群体，而且还重视和鼓励其文化的多样性，在一定程度上，它能够尊重、容忍和鼓励组织文化的多样性。因此，当两个企

业完全或部分地关联且并购者是多元文化主义者时，融合是最可能被并购者选择的文化融合模式，此时，被收购企业将被允许保留一定的自主权和自己的文化，而同时又在多个领域寻求并购的协同效应。如果并购双方相对无关联且并购者是多元文化时，隔离将成为最适宜的文化整合模式。如果并购者在被收购企业的业务领域不具备相应的专业知识的话，被收购企业有可能被允许拥有相对独立的经营权。与之相反，如果并购方企业文化是单元化的，那么这个组织会强调内部的一致性并鼓励其成员坚持统一的目标、战略管理和组织的实践，因此，它不可能容忍自己的文化和管理系统内还有其他的文化存在。当两个企业具有关联性而并购者是单元文化主义者时，移植模式就会被选择。移植模式要取得成功，并购者就必须拥有足够的使被收购企业能够全盘接受其企业文化的力量，只有这样，它才可以将自己的文化和实践强加于被收购企业。当两个企业基本上不具有关联性而并购者是单元文化时，同时其单元文化程度已经导致其与被收购企业在经营和管理方面形成高度的组织紧张和冲突，创新模式将是最可能发生的文化整合模式。在现实中，创新模式并不经常发生，在很大程度上，它的发生是由于总体上缺乏对组织文化和文化整合模式因素的敏感性。

（三）并购双方企业文化的吸引力

并购所涉及的员工，对于并购双方的企业文化吸引力具有不一样的认同程度。如果他们认为并购企业的企业精神、管理风格、经营哲学、行为规范以及业绩都是符合人心或值得敬佩的，那么他们就很可能把移植或融合作为企业文化整合的策略。如果员工们认为并购企业的企业文化并不适合自己，而己方原有的企业文化是极为优秀、极为出色的，那么他们可能会拒绝与并购方进行文化方面的沟通与交流，并力求保持自己原先的企业文化。

（四）并购企业文化风险的大小

诸多事实证明，并购企业文化风险越大，并购方就越难以保证在整合过程中能够完全主动地控制局面，并购失败的风险也越大（刘永谋，2007）。因此，并购企业文化风险大小对并购企业文化整合模式选择起着关键作用。

三、并购企业文化整合模式选择模型的建立

如果文化整合模式选择不当，并购双方之间的冲突就会加剧，从而给并购的价值创造和并购后企业业绩的改善增加更多的障碍。本研究依据以上讨论的影响文化整合模式选择的四个方面的主要因素，构建了并购企业文化整合模式选择模型。能否正确选择文化整合模式对于推动并购整合的顺利进行将是至关重要的。因此，企业并购中文化整合模式的选择可以从以下几个方面加以考虑（如表6-1）：

表 6-1　　**并购企业文化整合模式选择模型**

模式 因素	移植	促进	融合	引进	创新	隔离
并购战略目标关联高低	非常高	较高	高	一般	较低	非常低
双方文化吸引力大小	非常大	较大	大	一般	较小	非常小
双方多元文化宽容度高低	非常高	较高	高	一般	较低	非常低
并购企业文化风险大小	非常小	较小	小	一般	较大	非常大

（一）并购战略目标关联程度

根据并购战略的目标关联程度不同，通常可将并购战略分为横向并购、纵向并购和混合并购三种方式。横向并购是指生产同类产品或提供同种服务的企业之间的进行并购，以达到扩大规模、占领市场份额的目的；纵向并购是对生产工艺或经营方式上前后关联或生产、销售连续性过程中互为购买者和销售者的企业之间进行的并购，其主要目的是实现组织内部一体化，节省交易费用；既不单纯

是横向并购，也不是纵向并购，就属于混合并购，采用此种目标方式主要是为了通过多元化经营来降低风险，达到资源互补、优化组合的目的。

（二）并购双方企业文化吸引力大小

并购双方企业各自文化的吸引力决定企业员工是否认同对方的文化。例如，在多大程度上被并购企业的成员敬佩和羡慕并购企业的文化、管理风格、经营哲学和业绩等。

（三）并购双方对多元文化的包容度

文化包容度指的是并购方与被并购方企业的员工对自己与对方企业文化的态度、立场以及对不同的价值观的认可程度。当并购企业与被并购企业的文化包容度都较强时，意味着并购方对异质文化比较宽容，而被并购企业对外来文化容忍度也比较高，易于接受外来文化；而当并购企业与被并购企业的文化包容度均较弱时，他们可能对不同于自己的外来文化持不认同、排斥态度。

（四）并购文化风险大小

并购整合前文化风险的大小直接为并购企业文化整合模式选择提供参照。如果风险越大，并购方需要更加谨慎地选择文化整合模式，通常采用隔离或创新模式。

第四节 应用实例

一、新联想面临的文化整合问题

对于这次收购，联想高层认为最大的风险在于运营风险，主要有三点：一是 IBM 以前客户的流失；二是 IBM PC 部门员工的流失；三是企业文化的磨合。新联想的文化整合有以下方面的相关问题：

（一）联想与 IBM 的文化差异大

虽然并购双方都认为两家公司的企业文化内核存在某些共性，比如创新、客户至上、讲究诚信等，但双方毕竟是两个背景完全不同的企业，联想是东方文化的代表，IBM 是西方文化的代表，在具体的执行和操作层面上，在具体的流程设置和组织结构上，以及在具体考核方法上两家公司却可能存在很大的差异，联想雷厉风行的执行力与 IBM 制度化、标准化的行事风格在客观上存在差异，是沿用其中一种风格还是融合创立新的风格，是必须要考虑的。

（二）IBM 员工对联想企业文化认同低

目前，中国发生的跨国并购，比如 TCL 对汤姆逊彩电业务的并购、对阿尔卡特手机业务的并购，联想对 IBM PC 业务的并购，基本上都属于弱势企业中方对强势企业外方的并购。无论 TCL 还是联想，在全球的影响力与他们并购的企业相比，都要弱得多。强势文化对弱势文化具有侵略性，让 IBM 的人接受联想的文化就比较困难。

二、新联想的文化整合措施

从并购开始到目前为止，新联想整合工作进展得一直比较顺利，在文化整合方面也采取了一些比较有效的措施，推动了整合的进程。

（一）并购前探索阶段进行尽职调查

从 2003 年 12 月起，联想开始着手对该项并购进行尽职调查，聘请麦肯锡公司为顾问全面评估并购的可行性，其中包括了调查并购双方的文化差异和潜在风险，为并购后文化整合策略的制定和实施打下了良好基础。

（二）文化整合初期组建了过渡时期领导团队和文化融合团队

在文化整合开始，新联想首先从企业理念文化方面入手寻求突破。公司组成了过渡时期领导团队，通过不断沟通与互相了解，学习对方的优势，理解不同国家民族的文化特点。虽然两种文化之间也时常会迸发出碰撞，但是员工之间达成了共同而强烈的愿景，那就是顺利实现新公司的整合，把新联想做成业界的领袖。在整合过程中，杨元庆与公司 CEO Steve 先生共同提出，要遵循三个原则，即“坦诚、尊重、妥协”。

2005 年 1 月，由来自原联想和原 IBM 两家公司不同部门的专家组成了一支专门的文化融合团队，负责收集、整理和分析来自公司各部门员工的意见，对现有的公司文化、员工渴望的公司文化以及两者之间的差距进行评估分析，并在此基础上对新联想的文化进行新的诠释。在请员工选择他们认为新公司最重要的十项文化观念中，原联想和原 IBM 的员工选择的结果，有五项是相同的，分别是客户至上、诚信、创新、更有竞争力、生活与工作的平衡。最终，确定新联想的核心价值观为成就客户、创业创新、精准求实、诚信正直。

（三）碰撞阶段积极开展跨文化培训，建立有效沟通机制

新联想对中外员工实行跨文化培训，并将英语定为全球统一的工作语言，开展中方员工“英语学习运动”，鼓励两企业员工进行文化交流。在宣布并购后，新联想聘请在 IBM 内部德高望重的原 IBM 高管 Steve 担任新联想的 CEO，Steve 为稳定人心、消除疑虑，亲自到 IBM 各个部门与员工进行沟通，探讨并购后的薪酬体系和未来公司发展方向。在整合期间，部门定期进行员工心态调查，掌握员工心态变化让员工和高层直接面对面沟通，如圆桌会、午餐会议等建立了专门的员工意见反馈通道和网上信息沟通平台。

（四）融合阶段制定稳定的人力资源和薪酬政策

为了加速融合，新联想还启动了一个人才交流计划“Knowledge Exchange”，分布在全球的员工被互派到对方工作。在人事政策方面，维持“一企两薪制”，原 IBM 员工的薪酬在 3 年内（至 2008 年）不变，留住企业关键人才。同时新联想还在全球招聘高级人才作为高管助理，他们具备的国际经验和视野对于变革管理和文化融合将起到极大的促进作用。

（五）选择合适的文化整合模式

文化整合包含三个层面：一是行业文化整合；二是企业文化整合；三是民族文化整合。在行业文化整合方面，由于是同一行业的兼并，联想与 IBM 的文化整合基本上没有什么阻力；在个性文化方面，联想可能偏向于严格和服从，而 IBM 则偏向于宽松和自由，但本质上这两种文化个性也并非水火不容，例如 IBM 的宽松和自由，更多地表现在对员工个性的尊重，而不是制度不严明，因此与联想的严格在本质上没有冲突；在民族文化的整合上，尽管联想集团是兼并方，但并没有将自己的“中国模式”强行推荐给 IBM 员工。在选择文化整合模式上，“相互坦诚、相互尊重、相互妥协”成为联想整合的指导方针，双方的高层对未来新公司定位是“它既不是一家美国公司，也不是一家中国公司，而是一个国际化的公司，新公司文化应该是继承双方优点的、具有全球化特色的新联想文化”。事实上，由于 IBM 文化的强势，联想采取渐进模式，在引进和融合的基础上进行企业文化的创新。在引进阶段，联想更多地作出了适应 IBM 的举措，而不是简单地用一种模式作为主导。这样，原 IBM 员工逐渐从一种惊恐、失落的心态中平复下来，通过联想的沟通工作，并没有出现大规模的离职现象。采用引进模式后，新联想将进一步加强文化融合工作，进而建立和形成继承双方优点的、具有全球化特色的新联想文化。

由此可见，新联想采取的引进模式整合初见成效，成功帮助新联想度过了并购初期的动荡与不安。

第七章　并购企业文化整合后的企业文化综合评价模型

第一节　并购企业文化评价量表的比较研究

国内外企业文化评价领域的 20 多年研究取得了丰硕的成果。1975 年，Harrison 首创针对“组织意识”(Organizational Ideology)的测量工具。将“组织意识”分为四种类型：权利、角色、任务和自我。

Quinn 和 Cameron(1998)通过大量的文献回顾和实证研究构建的组织文化测量工具 OCAI(Organizational Culture Assessment Instrument)非常有代表性。他们认为组织文化是通过组织所信奉的价值观、领导方式、语言和符号、过程和惯例等方式来反映的。Quinn 在其研究成果的基础上创立了竞争价值观框架(Competing Values Framework，CVF)，而后来 Quinn 和 Cameron 又在竞争价值观框架 CVF 的基础上构建了 OCAI 量表。该量表有两个主要的成对维度，即灵活性—稳定性和内部关注—外部关注。他们还把组织文化分为宗族型、活力型、层级型和市场型。宗族型文化的主要特点是企业内部有非常友好的工作环境，强调组织凝聚力和团队士气，重视关注客户和员工，鼓励团队合作、参与和协商。活力型文化的主要特点是企业内部有充满活力的、有创造性的工作环境。员工勇于争先、创新和承担风险，鼓励个体的主动性和自主权。层级型文化的主要特点是企业内部有着非常正式的、有层次的工作环境，各级员工的工作行为活动都有章可循，关注的长期目标是企业运行的稳定性和有效性。市场型文化的主要特点是企业内部有一个竞争性十足的工作环境，关心声誉和成功，关注富于竞争性的活动和对可度量目标的实现。OCAI 量表由 6 个维度和 24 个具体测量项目构成，它在辨识组织文化的类型、强度和一致性方面都是非常有用的。但是，OCAI 有待于进一步检验或探讨的问题有：一是 OCAI 的理论基础 CVF 竞争价值框架是否会随着对组织有效性的深入研究而发生变化；二是 OCAI 中用来对企业文化分类的六个具体判据有待进一步的实证研究来验证。它们是否能涵盖组织有效性的主要特征，以及它们之间的关系如何，都需要进行深入研究。

Denison 等（1995）基于 CVF 开发出了 OCQ（Organizational Culture Questionnaire）量表。以 764 家企业的 CEO 为样本，进一步通过实证研究验证假设。TMCT 被两个成对的维度（关注内部—关注外部和灵活性—稳定性）划分为 4 个象限，分别对应 4 种文化特质：适应性、使命、投入和一致性。每种文化特质进一步对应三个方面的指标，每个方面的指标又由 5 个更加具体的条目来衡量。这样最终形成了以 4 种文化特质为核心，12 个方面的指标为中间环节，60 个具体条目为最终考察对象的测量体系。测量体系还根据 500 多家组织的调查结果构建常模，受测对象可对照常模得到百分位数，进一步转化为四分位数，因此受测对象组织文化的相对优势和不足可以很直观地反映在所形成的象数模型中。与 OCAI 量表相比，Denison 的量表由于包括的子维度更多，因此在揭示组织文化内容方面显得更为细致，并且在国外经过了 15 年的实践检验，系统非常稳定，效果很显著，影响面很广。更重要的是这套系统较为简单，便于操作，实用价值很高，在中国也得到了一定的认可。但由于 OCQ 量表中的四个文化特质最初是从美国文化背景下的企业案例研究得来的，所以 OCQ 量表中的文化特质和测量维度还需在不同文化背景下进一步得到实证检验。

跨文化管理的权威荷兰学者 Hofstede（1990）提出了 MMOC（The Multidimensional Model of Organizational Cultures）量表。他认为，组织文化是价值观和实践的复合体，其中价值观是核心，实践部分则包括仪式和象征。从企业文化的层次结构的角度切入，通过定量和定性相结合的方法进行研究，并得出结论：企业文化由价值观和实践(practices)两个层面组成。其中价值观是核心，而实践由表及里又可分为象征、英雄和仪式。价值观层主要由安全需要、关注工作和权力需求三个维度支撑，而实践层面则由过程向导—结果导向、人际导向—工作导向、本地化—专业化、开放—封闭、控制松散—控制严格、规范化—实用化六个独立的成对维度构成。Hofstede 量表值得进一步探讨的方面有：(1)Hofstede 发现价值观在组织之间的差异较小，可能与价值观测量项目基本上来源于以往对国家文化的研究有关。由于国家文化的层面高于组织文化，因此造成价值观问卷难以判断组织价值观之间的差异。(2)量表中关于价值观的测量项目主要分成两类：一类是理想工作的特征(如“就业稳定性”)；另一类是一般信念(如“员工之间的竞争弊大于利”)。但是，是否可以通过对这些测量项目的整合进行因子分析就能得出组织价值观的维度，这一点还值得商榷。有一些被组织文化学术和实务界所熟知的价值观(如关注客户、创新求变等)并没有在价值观维度中得到体现。(3)由于定性研究的访谈提纲偏重于考察组织内部，忽略了组织文化受外部环境影响这个维度，因此在实践部分的维度结构中，也没有出现客户导向、社会责任之类反映适应外部环境的维度。

美国加州大学的 Chatman(1991)提出了测量组织价值观的 OCP(Organizational Culture Profile)量表。他认为，组织文化就是组织成员共享的价值观体系。量表的测量项目是他从个体层面研究契合度(Fit)与组织契合和个体结果变量(如组织承诺和离职)之间的关系，通过广泛回顾学术和实物性文献，构建了测量组织价值观的 OCP 量表。OCP 量表量表由 54 个测量项目组成 7 个维度，这 7 个维度分别是革新性、稳定性、尊重员工、结果导向、注重细节、进取性和团队导向。在西方国家，OCP 量表是最常用的企业价值观测量量表之一，它在我国台湾和香港地区也有一定的影响。其值得进一步探讨的方面包括：一是量表中的测量项目来源于文献回顾，缺乏相应的组织文化理论构架；二是一些以行业为背景的研究，往往还需要进行修订、替换或加入新的价值观维度；三是在如何应用量表方面，学者们的意见还很不统一。

美国麻省理工学院的 Schein(1999)对企业文化的概念和深层结构进行了系统的探讨，他提出的组织文化本质的五种深层次基本假设，成为企业文化研究的重要理论基础。在测量研究方面，他主张定性研究，认为文化不能通过问卷调查来评测，因为并不知道应该问什么，也不能确定回答的可信性和有效性：面对问卷调查，人们说不出深层的价值观和基本假设；文化可以通过个人和小组面谈的过程来评测，这种方式是高效的：文化测评要针对组织的具体问题，否则就没有价值。Schein 建议评测企业文化的步骤如下：组建一个包括组织成员和专家的小组；提出企业的问题，聚焦于可以改善的具体领域；确保小组成员理解文化的层次模型；确定组织文化的现象；确定组织外显价值观；研究价值观与组织表象的匹配度，从不匹配处探查深层次的潜在假设；如果探查效果不理想，重复上述步骤，直到理想为止；最后，评测最深层的共享假设，发现哪些假设有助于或阻碍目标问题的改善。

1997 年 Pierre Dubois，Associates 公司出版了一套《组织文化测量和优化量表》(*Organizational Culture Measurement and Optimization*)。其中包括用于组织分析的模型和用于组织文化研究的步骤。其模型包括 7 个方面的维度：社会与经济环境(包括社会文化环境和市场竞争等)、管理哲学(包括使命、价值观、原则等)、对工作情景的组织(包括企业组织结构、决策过程等)、对工作情景的知觉(包括对工作的知觉和对管理的知觉)、反应组织行为(包括各种满意度、工作压力、工作动机和归属感等)、企业经营业绩(质和量两方面)、个人和组织变量(包括年龄、职位、个人价值观等)。该量表提供了企业文化测评的步骤和理论方法。但该量表缺乏实证检验和测量样本。

还有 Glaser(1987)提出的文化类型开发出的组织文化测量模型 OCS(Organizational Culture Survey)。Kilmann 和 Saxton(1985)提出的用来测量行为形式的文化差异测量模型 CGS(Culture Gap Survey)。

另外，中国台湾大学心理学教授郑伯壎(1990)在 Schein 的企业文化研成果的基础上构建了 VOCS(Values In Organizational Culture Scale)量表，共分 9 个维度：科学求真、顾客取向、卓越创新、甘苦与共、团队精神、正直诚信、表现绩效、社会责任和敦亲睦邻。作为完全本土化的量表，VOCS 在中国企业文化测量研究方面具有一定的开创性。郑伯壎教授认为，组织文化是一种内化性规范信念，可用来引导组织成员的行为。他认为以往个体层面上的组织文化测量研究缺乏相应的理论架构。郑伯壎教授通过研究发现除敦亲睦邻的价值观之外，其余八大维度上组织之间均有显著差异，说明 VOCS 具有良好的区分效度。同时，1993 年他通过进一步研究发现 9 个维度经过因子分析可以得到两个高阶维度外部适应价值(包括社会责任、敦亲睦邻、顾客取向和科学求真)与内部整合价值(包括正直诚信、表现绩效、卓越创新、甘苦与共和团队精神)。作为完全本土化的量表，OCVS 在中国组织文化测量研究方面具有开创性。但是，他认为 OCVS 中仍有一些不足之处：一是他根据 Schein 理论设计的访谈问题普遍比较抽象，受试者不易理解；二是他构建量表时并没有通过因子分析来详细探讨 VOCS 的维度结构是否能够稳定地存在于不同的样本中。更重要的是，他的研究并没有报告个体偏好的价值观和个体感受到的价值观之间是否存在可以对比的维度结构，因此他使用 VOCS 九维度探讨成员—组织价值观契合的研究方法的价值值得怀疑。

北京大学光华管理学院沿循国外企业文化量化研究的思路通过案例实证研究，提出了包括人际和谐、公平奖惩、规范整合、社会责任、顾客导向、勇于创新、关心员工成长七个维度的企业文化测评量表。后来，七个维度又被削减为六个。并将此套测评量表逐步应用于企业文化咨询的实践，例如在承担中国航天集团企业文化咨询项目中，采用了此套量表对航天集团进行了有效的企业文化调查。应该说，北京大学光华管理学院对企业文化量化研究尤其是将其应用于企业文化咨询的实践，对我国企业文化量化研究的发展起到了积极的推动作用。但是受样本的数量及其他因素影响，该套量表的维度和结构还存在不少问题，尤其是对企业文化变革方面显得不足。目前企业对其的认可度也不高。

清华大学经管学院在对中外企业文化的量化管理较为系统的研究的基础上，提出了由八个维度多道测试题组成的测评量表，分别为客户导向、长期导向、结果导向、行动导向、控制导向、创新导向、和谐导向和员工导向。相对而言，清华大学经管学院的量表显得更为详细，能较为准确地测量出企业文化的优势所在。其理论基础也是目前中国企业文化测评中心的企业文化核心价值观的维度测评量表中的来源之一。中国企业文化测评中心在吸收了国外成熟的企业文化量化研究和国内著名商学院的研究成果的基础上，构建了企业文化测评量表体系。其测评体系包括企业文化类型、企业文化理念导向、企业文化核心价值观、企业文化环境、企业文化领导力、个人价值与职业倾向性测评六大部分。

中国企业文化测评中心(CCMC)所建立的企业文化测评量表体系是于2002年在吸收了国外成熟的企业文化量化研究和国内著名商学院的研究成果的基础上，经过多家中国企业的企业文化实践检验，建立了一套测评体系。分别由企业文化类型、企业文化理念导向、企业文化核心价值观、企业文化环境、企业文化领导力、个人价值与职业倾向测评六大部分组成。这六个部分抓住了战略、理念、价值观、领导力、个人素质、团队氛围，组成了相互关联的严密体系，从组织和员工个人的角度测评出企业文化在内部的运动、变化规律、方向，能准确地发现内在的动力点和阻力点，从而为企业文化的决策、执行和考核提供科学、精确的依据；并可以此为核心，针对企业的具体实际开发具有针对性的企业文化测评量表，如金融行业文化测评量表。最终通过企业文化雷达图将企业文化运动的方向和规律直观形象地表达出来，为企业文化的诊断、提炼、贯彻、评估乃至变革提供基础。

第二节　整合后的企业文化评价维度变量与指标组成

一、企业并购后企业文化综合评价量表的选择

Denison的OCQ量表在国外经过了多年的实践，得到了较为广

泛的认可，其优点在于：

第一，OCQ 量表包含了比较全面的子维度，因此在揭示组织文化内容方面显得非常细致。

第二，Denison 比较注重 OCQ 量表在管理实务界的运用，成立了一个专门的网站（www. denisonculture. com）来介绍和推广自己的研究成果。OCQ 模型可以广泛运用于企业、团队及个人，通过运用该模型，可以把某一企业的文化分别与较好和较差经营业绩的企业的文化进行对比，以明确该企业在文化建设方面的优势和不足，可以对业务单位或部门进行考察，以了解该组织内的亚文化，可以测量企业现有的文化以及考察该企业文化如何在提高经营业绩方面发挥更好的作用，可以在测量的基础上提出改进企业文化的方案，可以更好地促进合并及重组过程等。

第三，Denison 的 OCQ 量表被国内外学者们的广泛应用和论证表明该量表是科学而有效的。Kotter 和 Heskett（1992）研究发现企业文化对企业长期绩效有很显著的影响。Fisher（1998）的研究证实了 Denison 的研究结果，发现了两个强烈影响公司绩效的具体文化要素：（1）组织的方向（包括任务、愿景、战略工作）；（2）参与（包括团队工作、发展能力、授权）。他还发现，组织中各个层次上的员工拥有一套清楚而明确的方向会影响除产品研发和创新以外的其他所有绩效，而员工的工作参与会影响除市场份额、销售和收入增长以外的其他绩效。Huang K.（2003）的博士论文主要探讨了 Denison 的 OCQ 量表在评价台湾的企业与美国的企业时企业文化是否与企业绩效直接相关。研究结果证明企业文化与企业的绩效正相关。同时论文中还发现在评价台湾的企业时与评价美国的企业时四个特质对绩效影响有异同之处。其相同之处在于，使命与一致性这两个文化特质被认为评价企业绩效的最有效的文化特质。其不同之处在于，使命被认为是评价预测美国企业绩效最好的文化特质，而一致性被认为是评价预测台湾企业最优的文化特质。

第四，Denison（1995）组织文化模式是一种有效测量组织文化的方法，它能清晰地测量出组织文化和绩效的关系。Denison 和 Mishra（1995）通过对 764 个组织的高层经理人员进行调查，发现模式中的四个文化特质，即工作参与、一致性、适应性、使命，分别与公司的某些绩效指标(如全面绩效、市场份额、销售增长量、收益率、员工满意度、产品和服务质量，以及新产品的研发)存在明显的相关关系，Denison 发现几乎所有的文化特质都与组织绩效量度之间显著相关，而且每一种文化特质都与大范围的主观和客观的组织绩效量度存在明显的正相关。不同的文化特质能够预测不同的绩效指标(如表 7-1)。

表 7-1　　**不同组织文化的特征、属性与绩效关系**

组织文化的特征	属性	影响的企业绩效指标
使命和一致性	稳定的特质	经济绩效量度，如资产收益率，投资收益率、销售利润
工作参与适应性	弹性的特质	产品研发和创新
一致性和工作参与	内部发展中心的特质	质量、员工满意度和投资收益率
适应性和使命	外部发展中心的特质	营业收入、销售增长量和市场份额

鉴于以上分析，本研究主要采用了 Denison 的 OCQ 量表作为企业文化评价的理论基础。

二、企业并购后企业文化评价维度与变量构成

美国密歇根大学 Denison 教授的“文化与有效性模型”，可以被看做文化特质理论的集大成者。Denison 认为，企业文化是一套价值观、信念及行为模式，并构成组织的核心体。他的模型建立在四个文化特质的基础之上。这四个文化特质分别是适应性(adaptability)、使命(mission)、一致性(consistency)和参与性(involvement)。Denison 组织文化模式建立在有效组织的这四个特质上。该组织文化模式由 Denison 和 Mishra(1995)提出，经过 Denison，Neale(1996)及 Denison，Young(1999)的改进，最后发现在文化的每一个特质上都有 3 个维度，共有 12 个子维度：参与性(包括授权、团

队导向、能力发展）；一致性（包括核心价值观、配合、协调与整合）；适应性（包括创造性变革、顾客至上、组织学习）；使命（包括战略导向与意图、目的和目标、愿景）（如图 7-1）。Denison 模式的核心是基本的信念和假设。使命、参与性、一致性、适应性等文化要素环绕在这个核心的周围，影响着企业的绩效，并成为组织文化的具体管理途径和表现。

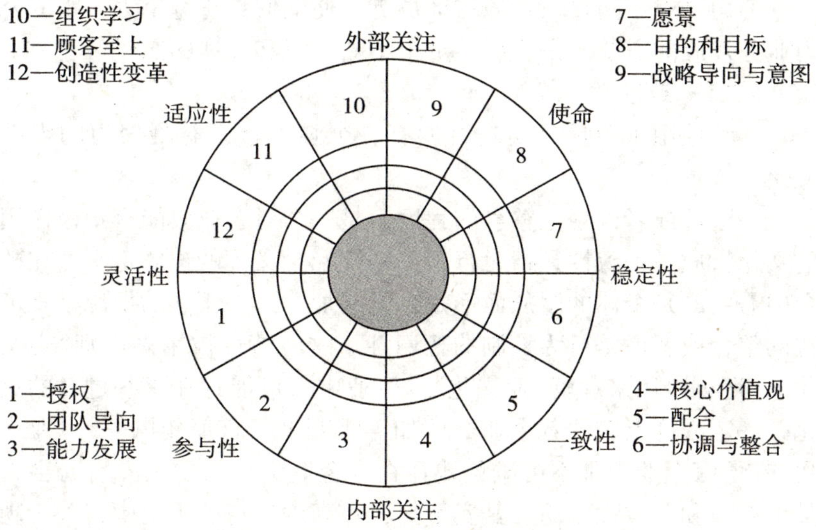

图 7-1　Denison 的组织文化量表模型

（一）参与性

参与性涉及员工的工作能力、主人翁精神和责任感的培养。公司在这一文化特征上的得分，反映了公司对培养员工、与员工进行沟通，以及使员工参与并承担工作的重视程度。工作参与是一个对企业效能有积极作用的文化特质。员工高度的工作参与对企业目标非常有利。高度的工作参与可以培养员工在精神上对企业强烈的归属感以及对企业目标的献身精神。然而较低工作参与程度的等级制度却是企业抵御基础环境变化的一大障碍。员工参与和下面将要谈到的一致性是企业内部整合的主要焦点。

1. 授权

员工是否真正活动授权并承担责任？他们是否具有主人翁意识和工作积极性？

2. 团队导向

公司是否重视并鼓励员工相互合作，以实现共同目标？员工在工作中是否依靠团队力量？

3. 能力发展

公司是否不断投入资源培训员工，使他们具有竞争力，跟上公司业务发展的需要？是否满足员工不断学习和发展的愿望？

（二）一致性

一致性用于衡量公司是否拥有一个强大且富有凝聚力的内部文化。

一致性或者说规范整合的程度，是一个对企业效能有积极作用的文化特质。一致性是指对行为、系统和含义等的集体定义，在整合中需要的是个体的服从而不是自愿参加。这一概念的根源是规范化的整合或者说是行为控制的普遍性。这一特征被用来识别"强文化"，还可以用来理解"亚文化"。企业中有可能存在一些过时的文化，一定程度上腐蚀着企业，例如等级制度、官僚作风等。"亚文化"在所有企业中都不可避免地存在。企业文化的学术界有时会将员工参与和一致性混淆。其实不然，在高度参与的系统中，关于现实的社会定义是由各个个体用归纳的方法得出的，但是在高度一致性的文化中，社会现实是事前已经定义好了的。在一致性较高的"强文化"中，高层领导者、管理者与低层一般员工之间的矛盾较激烈；而在高度员工参与的文化中，两者间的矛盾则轻微得多。

1. 核心价值观

公司是否存在一套大家共同信奉的价值观，从而使公司员工产生强烈的认同感，并对未来抱有明确的期望？

2. 配合

领导者是否具备足够的能力让大家达成高度的一致，并在关键的问题上调和不同的意见？

3. 协调与整合

公司中各职能部门和业务单位是否能够密切合作部门或团队的

界限会不会变成合作的障碍？

（三）适应性

适应性主要是指公司对外部环境包括市场和客户中的各种信号迅速作出反应的能力。适应性或者说企业根据外部情况进行内部改变的能力，是一个对企业效能有积极作用的文化特质。员工参与和一致性是企业内部整合的主要焦点，但是仅仅这两个概念还不能把握企业成员及企业与外部环境之间联系的状态。许多学者已经开始认识到文化是企业与外部环境联系的主要方式。前面所说的一致性的积极影响是给企业提供整合和协调，而消极影响在于强一致性通常是变革和适应力的障碍。企业在不舍弃个人潜在特质的前提下，根据外部环境进行内部变化的能力就是企业的适应性。在大规模的变革中，适应性则可以表现为对个人潜在特质的重新定义。因此，这一理论假设断定，有效的企业为了能更好地从环境中接受和破译相关信息，并将其转化为内部认知、行为以及结构等方面的改变，必须建立和发展规范及信念。研究表明，重视适应性的企业常常有雄图伟略，优先考虑到客户的满意度，并且乐于尝试新事物。

1. 创造性变革

公司是否惧怕承担因变革而带来的风险？公司是否学会仔细观察外部环境，预计相关流程及变化步骤，并及时实施变革？

2. 顾客至上

善于适应环境的公司凡事都从客户的角度出发。公司是否了解自己的客户，使他们感到满意，并能预计客户未来的需求？

3. 组织学习

公司能否将外界信号视为鼓励创新和吸收新知识的良机？

（四）使命

这一文化特征有助于判断公司是一味注重眼前利益，还是着眼于制订系统的战略行动计划。成功的公司往往目标明确，志向远大。

使命或者企业长期的愿景，是一个对企业效能有积极作用的文化特质。有关研究表明，企业如果追求一种联系企业经济及非经济目标、为企业员工指明意义及方向的使命，也会对企业的效能产生积极影响。使命与适应性相反，他强调企业中心目标的稳定性，而不重视企业适应环境的能力。使命的重要性还表现在当一个企业根本的使命发生改变或受到质疑时，很可能遭遇严重的危机。使命和方向的迷失常常与企业效益的损失相伴而生。很多学者都认为使命对企业的重要影响在于使命指明意义及方向，并阐述了企业工作重要性在非经济方面的理由，反映和证实了企业的核心价值。

1. 战略导向与意图

公司是否希望在本行业中脱颖而出？明确的战略意图是否展示了公司的决心，并使所有人都知道应该如何为公司的战略作出自己的贡献。

2. 目的和目标

公司是否周详地制定了一系列与使命、愿景和战略密切相关的目标，可以让每个员工在工作时做参考？

3. 愿景

员工对公司未来的理想状况是否达成了共识？这种愿景是否得到公司全体员工的理解和认同？

OCQ 模型的每 12 个子维度都由 5 条测量项目组成，从而构成了有 60 个测量项目构成的测量体系。根据这些测量项目可以设计 60 道问题，组成一份企业文化测评与诊断的调查问卷，用来比较科学和准确地在企业中进行企业文化测评与诊断。企业经过测评之后会发现，企业文化的问题可以科学化地呈现出来，并且很有系统地了解其相关的作用与影响。从方法学而言，精确地了解问题，已经解决了一半的问题，有效的文化测评可以让企业的文化建设更有效、更容易进行。

第三节　整合后的企业文化模糊综合评价模型构建

一、综合评价指标体系的设置原则

（一）系统全面性原则

评价指标体系必须包括能够全面反映基于并购企业文化整合后企业文化评价维度的各个方面的指标，并且评价目标和评价指标有机地联系起来组成一个层次分明的整体。

（二）简明科学性原则

评价必须能够明确地反映目标与指标间的支配关系，指标体系的大小也必须适宜，亦即指标体系的设置应有一定的科学性。因为指标体系过大，势必将评价者的注意力吸引到细小的问题上；而指标体系过小，指标层次过少、指标过粗，将给实际操作带来困难，也难以突出重点因素。

（三）灵活可操作性原则

评价指标体系在实际应用中应具有足够的灵活性和可操作性，以方便不了解指标体系建立过程的学习者使用，同时评价者能根据自己不同的评价目标对指标体系作相应的变动。

二、综合评价指标体系的确立

如表 7-2 所示的评价指标共分为三层：目标层、主准则层、子准则层。主准则层与子准则层中各项分别用一级指标（带一个下标）与二级指标（带两个下标）来描述。这些指标分别为：$U=\{u_1, u_2, u_3, u_4\}$，$U_1=\{u_{11}, u_{12}, u_{13}\}$，$U_2=\{u_{21}, u_{22}, u_{23}\}$，$U_3=\{u_{31}, u_{32}, u_{33}\}$，$U_4=\{u_{41}, u_{42}, u_{43}\}$。

表 7-2 **整合后的企业文化综合评价指标体系**

评价目标层	主准则层评价因素	子准则层具体评价指标
整合后企业文化	参与性 U_1	授权 U_{11}
		团队导向 U_{12}
		能力发展 U_{13}
	一致性 U_2	核心价值观 U_{21}
		配合 U_{22}
		协调与整合 U_{23}
	适应性 U_3	创造性变革 U_{31}
		顾客至上 U_{32}
		组织学习 U_{33}
	使命 U_4	战略导向与意图 U_{41}
		目的和目标 U_{42}
		愿景 U_{43}

各指标的含义在上一节已详细述及，此处不再赘述。

三、综合评价模型的建立

(一)确定企业文化评价的因素集

企业文化评价的因素集可设定为 $U=(u_1, u_2, \cdots, u_n)$，其中 u_i 为影响评价对象的因素，$i=1, 2, \cdots, n$。这里，可定义 $U=\{u_1, u_2, u_3, u_4\}$，$U_1=\{u_{11}, u_{12}, u_{13}\}$，$U_2=\{u_{21}, u_{22}, u_{23}\}$，$U_3=\{u_{31}, u_{32}, u_{33}\}$，$U_4=\{u_{41}, u_{42}, u_{43}\}$。

(二)确定企业文化风险评价的评语集

设评语集为 $V=(v_1, v_2, \cdots, v_m)$，其中 v_j 表示评价结果，$j=1, 2, \cdots, m$，评价等级个数 m 通常为 4~9。这里取 $m=5$，$V=(v_1, v_2, v_3, v_4, v_5)$，即 $V=$(非常好，较好，一般，较差，非常差)。

(三)确定各评价因素间的权数分配

设 $A=(a_1, a_2, \cdots, a_n)$ 是 U 的一个模糊子集，称为权重分配集；其中，$\sum_{i=1}^{n} a_i=1$，$a>0$，a_i 表示第 i 个因素在综合评价中的重要程度。

权重的确定采用 Delphi 法(专家调查法)、AHP 法(层次分析法)等方法，为适合于模糊运算，一般要求权重的分量和为 1。权重是表示各指标在目标评价中所起作用程度不同的系数，权重的确定对总体评价结果有重要影响。同一组指标值，不同的权重系数，会导致相差很大的评价结果。采用 AHP 方法确定指标体系权重，其步骤如下：

第一，建立递阶层次结构，将评价目标层次化。

第二，构造两两比较判断矩阵。为了比较某一层中指标对上一层某一个指标影响的相对重要性，邀请专家对同一层中的各指标进行两两比较，比较的结果即构成判断矩阵，这一步是进行层次分析法的关键。在进行两两成对比较时，为将相对重要性数量化，采用 1~9 标度，其含义见表 7-3。

表 7-3　　**1~9 标度的含义**

标　度	含　义
1	两指标相比，具有相同的重要性
3	两指标相比，一个指标比另一个指标稍微重要
5	两指标相比，一个指标比另一个指标明显重要
7	两指标相比，一个指标比另一个指标强烈重要
9	两指标相比，一个指标比另一个指标极为重要
2，4，6，8	分别为上述相邻判断的中间值

这样，对于同一层次 n 个评价指标，可得到两两比较判断矩阵 A：

$$A=(a_{ij})_{n\times m}$$

矩阵 A 具有如下性质：$a_{ij}>0$；$a_{ij}=\dfrac{1}{a_{ij}}$；$a_{ii=1}$

第三，计算各评价指标的相对权重向量。对判断矩阵 A，计算满足 $AW=\lambda_{max}W$ 的特征根和特征向量，以上公式中 λ_{max} 为判断矩阵的最大特征根，$W=(W_1, W_2, \cdots, W_n)$ 为对应于 λ_{max} 的正规化特征向量，W 的分量 W_i 即是相应指标对上一层某一指标的权值。

第四，两两比较矩阵的一致性检验。在对多因素进行比较的时候，人们往往难以保持比较前后的一致性。要使这种不一致程度保持在一个容许的范围内，就需要对成对比较矩阵进行一致性检验，其步骤如下：计算一致指标 $CI=\dfrac{\lambda_{max}-n}{n-1}$，其中 n 为判断矩阵的阶数，λ_{max} 为判断矩阵的最大特征根；计算一致性指标 $CR=CI/RI$，其中 RI 为随机一致性指标，其数值大小见表 7-4。当 $CR<0.10$ 时，就认为成对比较矩阵的不一致性在容许范围内，即该成对比较矩阵具有“满意的一致性”；当 $CR\geqslant 0.10$ 时，则需对成对比较矩阵进行修正。

表 7-4 **随机一致性指标 *RI* 的数值**

阶数	1	2	3	4	5	6	7	8	9
RI 值	0.00	0.00	0.58	0.90	1.12	1.24	1.32	1.41	1.45

(四)确定模糊评价变换矩阵 *R*

通过对每一个因素的判断，给出每个因素的评语等级，这样就建立起评价因素与评语等级之间的关系，即从 U 到 V 的模糊关系，这可用模糊评价变换矩阵 R 进行描述。

$$R=(r_{ij})_{n\times m}=\begin{pmatrix} r_{11} & \cdots & r_{1n} \\ \vdots & \ddots & \vdots \\ r_{m1} & \cdots & r_{mn} \end{pmatrix},\ r_{ij(i=1,2,\cdots,m,j=1,2,\cdots,n)},$$

其中 r_{ij} 表示因素 u_i 对评语等级 v_j 的隶属度，$0\leqslant r_{ij}\leqslant 1$。

(五)建立一级多因素模糊综合评价模型

鉴于单因素模糊评价只能反映一个因素对评价对象的影响。为了取得所有因素对评价对象的综合影响结果，需要进行综合评价。由因素集 U 上的模糊集 $A=(a_1,\ a_2,\ \cdots,\ a_n)$ 和模糊评价变换矩阵 R 可构造出如下单级模糊综合评价模型：

$$B=A\ o\ R=(a_1,\ a_2,\ \cdots,\ a_n)\begin{pmatrix} r_{11} & \cdots & r_{1n} \\ \vdots & \ddots & \vdots \\ r_{m1} & \cdots & r_{mn} \end{pmatrix}$$

(六)多级模糊综合评价模型

在复杂系统中，由于要考虑的因素很多，多因素间往往还有多层次之分。对于这类多层次问题，可以先对诸子问题分别进行综合评价，然后再对总体进行综合评价，即先对低层次因素进行综合，再对高一层的因素进行综合，直至最顶层。多级模糊综合评价模型如下：

$$B=A\ o\ R=(a_1,\ a_2,\ a_3,\ a_4)\ o\begin{bmatrix} B_1 \\ B_2 \\ B_3 \\ B_4 \end{bmatrix}$$

由以上公式可知：A 为模糊综合评价中 n 个因素 u_i 的权数($n=4$)，即 u_i 层对上一层的权重；A_i 为 $u_i\{u_{i1}, u_{i2}, \cdots, u_{ik}\}$ 中第个因素 u_{ij} 的权数分配，即 u_{ij} 层对 u_i 层的权重分配；R 和 R_i 分别为第一层和第二层的模糊评价变换矩阵。B 为 U 的综合评价结果，这里采用德尔斐法和层次分析法(AHP)来确定 A 和 A_i 的权重值。

第四节 模型应用

一、联想收购 IBM 全球 PC 业务的背景与现状

2004 年 12 月 8 日，联想正式宣布完成收购 IBM 全球 PC 业务，合并后的新联想将以 130 亿美元的年销售额一跃成为全球第三大 PC 制造商。联想总部设在纽约的 Purchase，同时在中国北京和美国北卡罗来纳州的罗利设立两个主要运营中心。联想在全球有 19000 多名员工。研发中心分布在中国的北京、深圳、厦门、成都和上海，日本的东京以及美国北卡罗来纳州的罗利。公司主要的 PC 生产基地设于中国的深圳、惠阳、北京和上海。联想的移动手持设备生产基地设于中国厦门。其他主要的制造与物流设施分别在美国、墨西哥、巴西、苏格兰、匈牙利、印度、马来西亚、日本和澳大利亚等。联想拥有庞大的分销网络，在中国有约达 4400 个零售网点为客户提供服务。

联想此次并购 IBM PC 业务，是这种市场资本与国际生产力在资本层面的对接，是全球第五次并购浪潮的继续，这种横向一体化的跨国并购，在降低成本、合理避税、价值最大化与再增长优势的引导下，进行的多是同行业或大体相近行业的并购活动。这种收购活动与企业经营战略的变化是密切相关的，企业的焦点由过去的注重大而全转向注重主体核心业务，企业变多元化经营为一体化经营，将精力集中于发展自身的强项业务，加强业务专业化，通过集中联合搞自己最擅长的业务来谋求长期利润与长远发展。联想也正是处于这样的情况下才进行收购 IBM PC 业务的。新联想在追求规模效应的同时，还将从全球角度来考虑企业长期发展战略中追求协

同效应，即“1+1>2”的效应。

但是，在联想收购IBM全球PC业务后，这种“蛇吞象”跨国并购不可避免要涉及文化的冲突与融合。联想与IBM的文化存在巨大差异。中国企业要比美国公司更加层级化。蓝色巨人IBM的文化属于比较传统的美国的文化，公司文化很注重个人，员工在工作中的授权比较大。而联想在国内向来以严格和强调执行力而著称，下级对于上级的命令要严格执行，而且上级对于下级的干涉也比较多。他们不太习惯美国管理者和下属之间那种妥协关系。他们倾向于更加专权。这一点很可能导致IBM的员工与中国管理者和同事发生较多的冲突；IBM是一个非常程序化的公司，员工都遵守各种程序化的流程；联想则是一个发展速度快，带有国有民营色彩的公司。双方在以上各方面都必然存在着差异。在收购IBM个人电脑部门时，联想同时还在收购一种极不相同的公司文化。新联想管理层认为，联想可以克服这种问题，但是速度是至关重要的。

2008年，新联想在国际化阶段，伴随着并购、整合的成功推进。现在新联想已经成为全球化拥有多个主营业务的公司，现在联想中国以外的收入占到了总收入的60%以上。刚开始2005—2006年只有中国赢利，海外全都是亏损的。但是现在新联想所有的地方都开始赢利。

联想集团副总裁杜建华在2008年“中国企业国际化”国家战略论坛中发表演讲中指出新联想经过两年多的磨合，发布了新联想全球文化框架。新联想现在用全球文化做一个广告，致力于让每一个客户都获得满意和成功，提倡创业、创新，讲究诚实正直，以全球实业看待新联想的文化，实现多元共赢，它让新联想能够跳出画面或者跳出某一个国家，更好地集合全球资源，不断提升竞争力。

二、联想收购IBM全球PC业务后文化整合综合评价分析

我们从联想收购IBM全球PC业务经过3年整合企业文化现状来分析，以Denison的OCQ量表为基础，合理地设计了评价并购整

合后企业文化调查问卷。为保证调查结果的可靠性，利用设计出的问卷进行一次先导研究，以测试问卷量表的信度与效度。收集数据并计算 Cronbach's Alpha 值为 0.91，巴特里球形检验达到显著水平（$p<0.001$），说明量表信度和效度均达到统计学上的显著意义，之后访谈并咨询相关研究领域的专家，以征求他们对于量表的意见和建议，根据他们的建议和先前研究文献对量表进行修正设计出正式问卷。并在此基础上，对新联想 260 名员工进行了不记名问卷调查。此问卷调查共发出问卷 260 份，收回问卷 221 份，有效问卷的回收率为 85%。同时，在外部聘请了 4 名资深专家组成专家小组，运用层次分析法对评价指标重要性程度进行评定。通过收集统计问卷调查和专家评定结果，本研究对联想并购 IBM 全球 PC 后企业文化整合综合评价过程如下：

第一步：建立指标因素集 $U=\{u_1, u_2, u_3, u_4\}$，$U_1=\{u_{11}, u_{12}, u_{13}\}$，$U_2=\{u_{21}, u_{22}, u_{23}\}$，$U_3=\{u_{31}, u_{32}, u_{33}\}$，$U_4=\{u_{41}, u_{42}, u_{43}\}$。

第二步：建立评语集 $V=(v_1, v_2, v_3, v_4, v_5)$=（非常好，较好，一般，较差，非常差）。

第三步：运用层次分析法求得指标权数 W^T。根据上述指标体系经专家打分得出判断矩阵，求出特征向量，并经一致性检验通过，得出各指标权重如下：

$$A=(a_1, a_2, a_3, a_4)=(0.20, 0.22, 0.21, 0.37),$$

$$A_1=(a_{11}, a_{12}, a_{13})=(0.43, 0.27, 0.30),$$

$$A_2=(a_{21}, a_{22}, a_{23})=(0.29, 0.24, 0.47),$$

$$A_3=(a_{31}, a_{32}, a_{33})=(0.45, 0.29, 0.26),$$

$$A_4=(a_{41}, a_{42}, a_{43})=(0.41, 0.35, 0.24)。$$

第四步：进行单因素模糊评价。通过对问卷调查的结果求出各得分所占百分比，便可得出各指标的模糊评价判断矩阵为：

$$R_1=\begin{pmatrix} 0.30 & 0.25 & 0.20 & 0.25 & 0.00 \\ 0.20 & 0.35 & 0.35 & 0.10 & 0.00 \\ 0.25 & 0.30 & 0.20 & 0.25 & 0.00 \end{pmatrix}$$

$$R_2=\begin{pmatrix}0.31 & 0.27 & 0.19 & 0.23 & 0.00\\ 0.25 & 0.23 & 0.20 & 0.32 & 0.00\\ 0.18 & 0.22 & 0.34 & 0.26 & 0.00\end{pmatrix}$$

$$R_3=\begin{pmatrix}0.26 & 0.27 & 0.30 & 0.17 & 0.00\\ 0.19 & 0.20 & 0.37 & 0.24 & 0.00\\ 0.30 & 0.23 & 0.21 & 0.26 & 0.00\end{pmatrix}$$

$$R_4=\begin{pmatrix}0.16 & 0.32 & 0.25 & 0.27 & 0.00\\ 0.25 & 0.21 & 0.19 & 0.35 & 0.00\\ 0.20 & 0.36 & 0.21 & 0.23 & 0.00\end{pmatrix}$$

从 $B_i=A_i o\ R_i(i=1,\ 2,\ \cdots,\ 4)$，可以得出：

$B_1=A_1 o\ R_1$

$$=(0.43,\ 0.27,\ 0.30)\begin{pmatrix}0.30 & 0.25 & 0.20 & 0.25 & 0.00\\ 0.20 & 0.35 & 0.35 & 0.10 & 0.00\\ 0.25 & 0.30 & 0.20 & 0.25 & 0.00\end{pmatrix}$$

$=(0.26,\ 0.29,\ 0.23,\ 0.22,\ 0.00)$

$B_2=A_2 o\ R_2$

$$=(0.29,\ 0.24,\ 0.47)\begin{pmatrix}0.31 & 0.27 & 0.19 & 0.23 & 0.00\\ 0.25 & 0.23 & 0.20 & 0.32 & 0.00\\ 0.18 & 0.22 & 0.34 & 0.26 & 0.00\end{pmatrix}$$

$=(0.23,\ 0.24,\ 0.26,\ 0.27,\ 0.00)$

$B_3=A_3 o\ R_3$

$$=(0.45,\ 0.29,\ 0.26)\begin{pmatrix}0.26 & 0.27 & 0.30 & 0.17 & 0.00\\ 0.19 & 0.20 & 0.37 & 0.24 & 0.00\\ 0.30 & 0.23 & 0.21 & 0.26 & 0.00\end{pmatrix}$$

$=(0.25,\ 0.24,\ 0.30,\ 0.21,\ 0.00)$

$B_4=A_4 o\ R_4$

$$=(0.41,\ 0.35,\ 0.24)\begin{pmatrix}0.16 & 0.32 & 0.25 & 0.27 & 0.00\\ 0.25 & 0.21 & 0.19 & 0.35 & 0.00\\ 0.20 & 0.36 & 0.21 & 0.23 & 0.00\end{pmatrix}$$

$=(0.20,\ 0.29,\ 0.22,\ 0.29,\ 0.00)$

第五步：进行综合评价。由第四步一级评价结果，可得：

$$R=\begin{bmatrix}B_1\\B_2\\B_3\\B_4\end{bmatrix}=\begin{pmatrix}0.26 & 0.29 & 0.23 & 0.22 & 0.00\\0.23 & 0.24 & 0.26 & 0.27 & 0.00\\0.25 & 0.24 & 0.30 & 0.21 & 0.00\\0.20 & 0.29 & 0.22 & 0.29 & 0.00\end{pmatrix}$$

$$B=A\circ R=(0.23,\ 0.27,\ 0.25,\ 0.25,\ 0.00)$$

归一化处理得到

$$\tilde{B}=A\circ R=(0.23,\ 0.27,\ 0.25,\ 0.25,\ 0.00)$$

$$\begin{aligned}\tilde{B}&=\max\{b_1,\ b_2,\ \cdots,\ b_5\}\\&=\max\{0.23\quad 0.27\quad 0.25\quad 0.25\quad 0.00\}\\&=0.27\\&=b_2\end{aligned}$$

可见，b_2 大，即评价结果对评语 v_2 隶属度最大。

第六步：得出评价结论。根据隶属度最大原则，联想并购 IBM 全球 PC 后企业文化整合综合评价所属等级是 v_2，即并购文化整合情况较好。

第八章　并购企业文化价值观对比研究

第一节　企业文化价值观的含义

从广义上说，文化是人类社会历史实践过程中所创造的物质财富与精神财富的总和；从狭义上说，文化是社会意识形态以及与之相适应的组织机构与制度。而企业文化作为一种亚文化，既有文化的共性，也有其独特的个性。

企业文化作为一种有意识的企业管理活动，起始于“二战”后的日本，作为一种企业管理理论体系，创建于20世纪80年代初期的美国。企业文化理论的诞生可以概括为“花开日本，结果美国”。它是企业在生产经营和管理活动中所创造的具有企业特色的精神财富和物质形态，是现代企业特有的管理理论之一。企业文化是企业的灵魂，是推动企业发展的不竭动力。企业文化的主体是人，核心是价值观。企业文化，具体包括企业价值观念、企业精神、道德规范、行为准则、历史传统、企业制度、文化环境、企业产品等。企业文化是一个有机而复杂的系统结构，它包含最表层的物质文化、浅层的行为文化、中间层的制度文化、最深层的精神文化四个子系统结构，是一个由表及里的四个层次的同心圆，而企业文化价值观是这个同心圆的最核心组成部分。

企业文化价值观，是指企业内成员对某个事件或某种行为好与坏、善与恶、对与错等，是否值得效仿的一致认识，也是企业为获取成功而对其行为所作出的价值取向。价值观是企业文化的核心，其在企业经营管理中的作用是不容小觑的，它可以给企业带来巨大的精神和物质财富。目前，在全球包括中国内，已经有越来越多的科研人员研究与探讨企业文化价值观的作用，同时也被许多企业家所重视。本章通过案例对比分析中外企业价值观异同，探讨了企业跨文化管理中所采用的策略及其建议与启示，具有许多现实意义。

第二节　企业文化价值观的特征与差异

世界各国的文化可以分属于不同的文化体系，它们在文化形成背景、民族构成、价值观念等方面都有很多差异。而企业文化作为一种亚文化，也必然受到所属国民族文化的影响与制约。接下来，笔者以中美企业文化为例作一些比较分析：

一、中美企业文化形成背景比较

美国是一个移民国家，来自于世界各国移民所带来的各自民族文化，组合并融入到美国多元文化的社会，形成了当今美国的拼盘文化。美国许多移民及其后代因为背井离乡，富有冒险探索精神和强烈地追求事业成功的精神。1620 年第一批踏入美洲大陆的清教徒，因为不堪天主教迫害，乘坐“五月花”号，来到现在的新英格兰，开创了美国的历史。清教徒主张禁欲、节俭，崇尚商业和工业活动，对一切都充满自信，而且极具反权威、抗特权、彰显自我意识，这一切都世代相传影响着美国人民。除了宗教方面清教主义色彩的影响外，移民文化也是影响美国企业文化形成的另一个重要因素。移民将各自的民族文化及风俗都带入到了这片新大陆。移民在新大陆开始就没有所谓的“家”、“根”的思想，因此他们开拓进取、为了更好的工作、更多的机会不断地流动和奋斗。美国西进运动就是移民拓荒很好的例证之一。而且，移民社会也不可能形成巨大的社会关系网及裙带关系，因此美国人都相信“自己是自己的救世主”，崇尚个性独立自由。另外，无论是从《五月花联盟》还是《独立宣言》中都可以看出，美国主流社会崇尚平等、民主、法治、竞争等文化价值观念。所有这些文化价值观念都深刻地影响着美国企业，使美国的企业文化具有典型西方文化中的个人主义特征。

中国是一个文明古国，有着上下五千年辉煌灿烂的历史，中国传统文化源远流长、生生不息。儒家的仁政王道，道家的清静无为、以退为进，法家的循名就实、信赏必罚，这三者是构成中国传统思想文化的三位一体的基本要素，渗透到中华民族思想与生活的方方面面，中国的企业文化价值观也深受其影响。在社会主义市场经济的今天，传统的民族文化中许多观点对我国现代企业文化建设带来了很大的启示，是其形成、发展、整合的基础。改革开放以来，受国际企业文化思潮的影响，中国企业的文化建设也如火如荼地进行着。但由于受到中国经济整体环境的限制，再加上自身起步较晚等因素，中国的企业文化建设还不够完善，发展也不够彻底，但也形成了带有中国传统文化特征的企业文化。

二、中美企业文化价值观的差异

由于上述中美企业文化形成背景差异，具体到企业文化价值观方面，二者在价值目标、价值实现手段和价值评判标准等方面也表现出明显的差异，如表 8-1 所示。

表 8-1

	中国企业	美国企业
价值目标	集体主义	个人主义
价值实现手段	和合、伦理	竞争、契约
价值评判标准	执行力	业绩

在价值目标方面，中国企业主要受儒家思想及当代社会意识形态的影响。两千多年的儒家思想在中国人心中根深蒂固，它是以尊卑等级的“仁”为核心的思想体系，强调个人利益应服从于集体利益。把集体利益放在首位，强调社会等级秩序，重视个人应对集体的责任、义务和奉献精神，个人的价值主要通过履行好自己本职工作和义务来体现。集体主义是影响中国企业价值观的重要因素之一。相比之下，美国企业的核心价值观体现了资本主义主要意识形态——个人主义，强调个人价值，主张个人的自由发展，集体不能

干涉个人发展，以个人利益为中心，个人利益高于一切。

在目标实现手段方面，中国企业受中国传统文化思想影响，强调“天时，地利，人和”等观念，在企业管理中比较注重人际关系的和谐，尽量避免同事之间的冲突与矛盾。而美国企业则受个人主义思想的影响，再加上美国整体的高度自由的市场经济大环境，自由竞争、“适者生存”是他们所信奉的理念。美国企业内部同事关系是一种纯粹利益竞争关系。同事间的伙伴友情让位于利益。他们不会为了同事之间的矛盾和冲突感到尴尬，也不会顾忌“面子”，只要能实现利益，一切手段和方法都是可以采取的。在美国，人与人之间的关系更多的靠契约和制度来约束和规范。

从价值评判标准来看，中国的企业等级制度森严，认为下级服从上级是天经地义的事，下级对于上级的命令要严格执行。在评判业绩与执行力方面，中国企业更注重执行力、动机和过程。而在美国，功利主义、实用主义思想主导着美国企业的管理者。因此，相比执行力，他们更注重企业员工的业绩，一切都为了提升业绩，赢取利益，反而动机和过程并不重要，最终以成败论英雄。

第三节　中外企业文化价值观的对比案例分析

IBM 公司的哲学形成了 IBM 的企业文化，是 IBM 得以在国际市场上能够占据有利地位的主要原因。IBM 有着明确的原则和坚定的信念，正是这些平常的原则和信念支撑了 IBM 特有的文化。老托马斯·沃森制定的 IBM 准则，即 IBM 的核心价值观在 IBM 公司一直得到了延续。联想控股有限公司于 1984 年由中国科学院计算所投资 20 万元人民币，11 名科研人员创立。联想作为中国一家年轻的 IT 企业，各方面发展都十分迅速，目前已经成为全球第二大 PC 厂商，也已经形成了自己的企业文化价值观。笔者接下来对以上两家企文化价值观的异同进行对比分析。

一、IBM 公司与联想集团企业文化价值观的相同点

虽然 IBM 和联想隶属于不同的文化系统，二者的企业文化价

值观也有一些相同点。

1. IBM 和联想都十分重视客户

IBM 公司是一个顾客至上的公司。只有顾客的消费，才能保证企业的发展。为了让顾客感到自己的重要性，顾客的任何问题，IBM 一定在 24 小时之内解决，如果不能立即解决，则会给予一个圆满的答复；如果顾客打电话要求服务，则通常都会在一个小时之内就会派人去服务。此外，IBM 的专家们随时在电话旁等着提供服务或解决软件方面的问题，而且电话费是由公司付账。此外还有邮寄或专人送零件等服务，来增加服务范围。IBM 公司还要求任何一个 IBM 新零件，一定要比原先换下来的好，而且也要比市场上同级产品好。IBM 会为顾客提供最佳的服务。服务客户是联想的首要价值观，因为联想的最重要的使命就是为客户创造价值，联想将要成为一个服务型公司。联想和联想人的价值在于拥有客户，为客户提供全方位的服务，让客户获得超出期望的满意。联想人把技术、产品和方案作为服务客户的手段，在全员中树立一种“客户至上”的意识。

2. 二者都注重创新、追求卓越

优异是 IBM 很重要的一条价值观。IBM 是一个竞争力强的公司，它创造出来的这种氛围能够提高他们的竞争意识，培养出优秀的人才。对刚刚进入 IBM 的大学生，进行岗前培训和严格的教育，为以后在公司的表现打下基础。在 IBM 公司中，每一个员工都认为自己可以完成某项任务。力争上游，勇于创新，这种态度决定了企业的高度发展。从管理和竞争方面来看，联想主要依靠其创新的精神。联想的员工在工作中永不满足，勇于拼搏，不断超越自我，主动承担责任，灵活地应对变化和挑战，坚持学习与开拓，在可承受的风险内大胆地尝试新方法和新事物，持续地改进工作。老一代联想创业者创造了拼搏精神，现在创新精神已经在新一代联想人身上得到了继承和发扬。

二、IBM 公司与联想集团企业文化价值观的不同点

由于二者企业文化形成的背景大相径庭，结果导致他们的企业

文化价值观也存在着很大的差异，这也是联想并购 IBM 在海外市场的巨额亏损的重要原因之一。下面对其进行分析。

(1)从价值目标来看，沃森哲学第一条，就是必须尊重个人。IBM 十分注重某些细节的设置，没有供特殊阶层使用的卫生间、办公室之类的设置，保持民主的工作环境，每个人不因为职位的高低而受到不平等的待遇。还有一个细节，外企的员工彼此之间都是直呼其名，以避免像中国企业中的“张董”、“李处”等体现等级分化的称呼的出现，这是典型的个人主义价值观的体现。在员工观念当中，他们每一个人都是公司的一分子，都可以为公司创造价值，公司只是实现个人价值的场所，个人利益高于一切，不可侵犯。上下级都认为人生而平等，因此他们应该得到肯定与尊重。而对于联想的员工来说，公司不仅仅是工作的场所，而且还是一种情感上的依附，“把个人追求融入企业的长远发展之中”。因此，联想的员工会为了集体利益而牺牲个人利益，比如，在公司的攻坚阶段会自愿加班，敢拼、敢干。而 IBM 习惯按照固定的程序和时间工作，十分讲究程序和资源。由于价值目标差异导致不同的工作态度，双方互相不能理解对方，结果会让员工之间和部门之间的协作效率大打折扣。

(2)从目标实现手段来看，IBM 的员工认为人与人之间是竞争和契约的关系，人与人之间充满了斗争，缺乏情感依附。因此出现矛盾时，他们一般会直接表露观点，他们认为这种方式有利于更快、更有效地解决问题。而联想集团的中国员工深受中国传统儒家思想的影响，十分注意处理和调整群体内部的人际关系，讲究“以和为贵”、“和气生财”，等等。所以当与其他人意见不一致时，会顾及他人的面子，一般不会直接指出对方的错误，会进行适当的情感控制，妥协和协商。而且更注重伦理、纲常，公司内部等级明显，联想集团认为只要公司每位员工恪守本分，安分守己，各司其职，各得其所，才能维系群体的稳定和实现自身价值。如今，在美国的新联想公司，中国员工一开始会觉得美国员工不懂人情世故，而美国同事也会觉得中国员工懦弱与虚伪，因此，中美员工之间应该为了实现企业共同的目标更多地相互包容和理解。

(3)从价值评判标准来看，IBM公司最后只看业绩，至于实现目标的过程、手段、方式、地点等都不予以干涉，充分信任员工，给予员工极大的自由，让他们独立地完成工作，属于目标—结果导向型。而联想实行“家长式”的管理，奉行“一切行动听指挥”，十分注重执行力。这种管理体制上的差异，显然会导致新联想集团上下级之间沟通的障碍。

第四节　中外企业价值观的差异对企业跨文化管理的启示

一、基于中外企业文化价值观的差异，企业跨文化管理应采取的策略

跨文化管理，又称为“交叉文化管理”，即企业或集团在跨国经营中，对企业或集团子公司所在国的文化采取兼容并蓄的管理策略，在跨文化沟通与理解的基础上克服任何文化差异可能带来的潜在冲突，并在管理过程中寻找超越文化冲突的企业目标，以维系具有不同文化背景的员工共同的行为准则，并据以创造出企业独特的文化，从而最大限度地控制和利用企业的潜力与价值，最大化地提高企业的综合效益，最终让企业目标得以有效实现的管理过程。由此，企业文化价值观在企业的经营管理中作用尤为重要，而中西企业文化价值观之间的差异是影响企业跨文化管理的重要因素之一。随着改革开放的深入发展，“引进来”和“走出去”战略的实施，我国越来越多的企业跨出国门，走向世界，跨国经营也成为一种全球化的浪潮。诸多实践证明，实施全球化经营的企业只有重视中国与其他国家之间企业文化价值观的整合，才能使企业的跨国经营得以顺利运转，全球市场竞争力得以增强，市场占有率得以扩大。笔者将从以下几个方面探讨企业在跨文化管理中常采用的策略：

(一)本土化策略

本土化策略是指在全球化经营中，企业在国外从普通员工到高

级管理层，都雇用相当一部分当地员工。本土化策略无论是在物质层面还是精神层面都能给企业带来巨大效益。在物质层面，雇用当地员工可以降低劳动力成本，为企业开源节流。在精神层面，当地员工对当地文化、政治及市场的熟悉，以及被当地消费者认可的程度高等优势，都十分有利于跨国经营企业在当地的开拓市场、打牢根基。

（二）文化相容策略

文化相容策略包括以下两种策略：

1. 平行相容策略

即“文化互补”策略，在母公司的总体统筹管理的基础上，在母公司奉行东道国的企业文化价值观，同时给予子公司高度的自治权，子公司仍保留母国的企业文化价值观。这样两种文化可以互为补充，求同存异，最大限度地发挥各自文化的优势。

2. 和平相容策略

和平相容策略即将激烈的部分模糊化，保存两者文化中比较平和的部分，使得不同文化背景的人均可在同一企业中和睦共处，即使发生意见分歧，也比较容易进行协商和调解。

（三）文化创新策略

文化创新策略，即在对母公司和子公司的文化有了充分的了解和分析后，对它们进行有效的整合，然后建立一种新型的文化。这种文化来源于母公司与子公司的文化，是对它们的优点及精华的结合，又高于二者原本的文化，构成分公司管理的基础。这种新的企业文化是创新的、有活力的、持续发展的，这样不仅使全球化经营企业能适应不同国家的文化环境，而且还十分有利于企业的发展，必然将使企业在竞争中处于优势地位。

（四）文化规避策略

当母公司所在国的文化与东道国的文化之间存在着巨大差异，尤其是存在某些“敏感地带”或者“雷区”的时候，如宗教信仰方面，且母公司的文化占主体地位的时候，母公司派到东道国子公司的管理人员就要对此进行规避，以避免不可协调的矛盾甚至大规模冲突的发生。

（五）文化渗透策略

在并购或跨国公司成立之初，母公司先不急于向子公司灌输自己的企业文化价值观，而是在逐渐的工作中，凭借母国强大的经济实力所形成的文化优势，对子公司的员工进行文化渗透，潜移默化地让他们认可母公司的企业文化，并最终成为该文化的执行者和维护者。

（六）借助第三方文化策略

由于母国与东道国文化之间存在着许多差异，用借助第三方文化策略可以回避母国文化与东道国文化产生激烈的冲突。例如，来自于日本的跨国企业计划在加拿大、墨西哥等北美国家设立分公司，可以先把分公司的海外总部开设在管理和思想比较先进和国际化的美国，然后通过设在美国的总部对在北美国家的所有子公司实行统一的管理。

（七）占领式策略

占领式策略是指在跨国经营时，母公司直接将自己的企业文化强行注入给子公司，对子公司的文化进行消灭，子公司只保留母公司的企业文化。这种方式一般适用于强弱文化对比悬殊，并且当地消费者能对母公司的文化完全接受的情况下，但从实际情况来看，这种模式采用得非常少。

二、基于中外企业文化价值观的差异，对跨文化管理的建议与启示

基于中外企业文化价值观的差异，在我国与其他国家进行跨国化经营的具体案例中，管理者又应该注意以下几点：

（一）采取主动适应的方法

首先要先意识到不同文化间差异并认可对方的文化，进而去适应。TCL 并购阿尔卡特之初，TCL 就派了 30 人空降到阿尔卡特，占据了新组建公司的核心位置。这就是企业管理者最开始并未意识到、不重视或者对母公司和子公司之间的企业文化价值观的差异重视程度不够的表现。所以他们才会在合资之初，就对子公司一味强制灌输单一的、本国的文化，采取占领式策略，直到后来等到公司

在财政运营出现不利状况时才意识到中外企业文化价值观之间的差异，才想到对其进行补救，而这时已经晚了。同样，与 TCL 并购阿尔卡特一样，同为亚欧之间的合作，索尼爱立信在文化整合方面却做得很成功，继而成为东西方企业文化整合成功的典范。究其根源，除了日本的企业本身善于学习之外，索尼爱立信团队还花费了大量时间往返于瑞典和日本之间，来了解相互的管理经验、两国文化之间的差异，来融合双方企业间的文化，对企业文化十分地重视，在并购之前就做好了充分准备。主动意识到了彼此之间的差异，并主动对其学习、研究与适应。所以我们要变被动为主动，主动承认并适应这种差异，它是达到有效沟通，从而加速企业全球化进程。

(二)以人为本，注重人才培养开发

与有形的物质资产相比，员工是一笔更大的财富资源，因为员工是物质资产和精神资产的创造者，因此，对人的管理是跨文化管理中最核心的环节。要做好跨国经营，就必须拥有一批懂得跨文化知识和具有跨文化经验的国际复合型人才。而且，将人才招募进来之后，后续的跨文化培训要跟上，多形式地对他们进行培养，既有利于员工的自身成长，让他们适应企业跨文化管理和经营模式，同时，对于员工自身素质和能力的提高及员工忠诚度的提升也是大有裨益的。

(三)重视中华传统文化的作用，取其精华去其糟粕

诚然西方的企业文化是比我国的起步早，成熟度高，但是我们在学习西方先进企业管理经验时，不应只是简单地学习、吸收、应用，这样做无法形成中国企业的核心价值观和竞争力。中国传统文化在中国人心中早已根深蒂固，对世界文化的影响也是源远流长，虽然其中有不少消极陈腐的东西，但是也有许多让当代人值得借鉴和发扬的优秀理论和思想，我们应当在学习和适应西方企业文化的同时融入中国传统文化中的精髓，达到两者的有机融合，实现创造型转换，形成真正具有中国特色的企业文化。

(四)加强国际间文化交流

从清朝的“闭关锁国”的政策开始，我国就处于长期封闭状态，对外国文化的十分排斥，直到清末的各种思潮到后来的新文化运动再到改革开放政策的实施，我国才渐渐地解放思想，真正地“开眼看世界”。这导致我国企业在跨国经营中常常会遇到文化冲突，而这一点可以通过国际文化交流和学习来克服。国际文化交流可以促进双方员工互相交流，加强相互间的理解，减少冲突，使跨国经营中无论是横向合作还是纵向合作都更加愉悦和有效。

(五)适当处理好中外企业文化价值观之间的冲突，为企业创造财富，提高企业的综合效益

虽然中外企业文化差异会给管理者跨文化经营带来一定的困难，但是由于不同的企业文化都必定有其优势和劣势，我们应该在对企业文化价值观异同进行分析的基础上，扬长避短、兼容并蓄、求同存异，充分发挥新的企业文化活力，促进并带动企业不断革新，锐意进取，从而让企业在跨国竞争中大放异彩。

第九章　总结与展望

第一节　总　　结

本研究主要探讨了对并购企业文化整合前文化风险评价、整合中的文化整合模式的设计与选择和整合后的企业文化综合评价，并建立相应的评价模型。通过案例分析，本研究中的评价模型应用效果良好。

本书的研究内容主要有以下几点：

第一，对并购理论、企业文化理论、文化整合理论和模糊综合评价等理论分别进行了文献综述。在企业并购方面，较详细地分析并购产生的动因理论和并购的风险体系。在企业文化方面，探讨了不同的企业文化分层理论、企业文化的类型、企业文化的特征和国外常用的几种企业文化评价量表。最后介绍并讨论了综合评价相关理论及模糊综合评价等企业文化综合评价方法。

第二，对并购企业文化整合重要性进行了深入分析，并构建了并购企业文化整合系统模型。

第三，对并购企业文化整合前的文化风险进行了系统全面的识别和分析，构建了整合前文化风险评价指标体系和综合评价模型，并运用案例分析应用模型。

第四，对并购企业整合中文化整合模式进行了分析，讨论了影响文化整合模式选择的主要因素和原则，并在此基础上构建并购企业整合中文化整合模式选择模型，之后运用案例实证分析。

第五，对并购企业文化整合后的企业文化整合是否达到整合目标进行了综合评价，基于 Denison 的 OCQ 企业文化量表，构建了企业文化综合评价模型，通过案例综合评价分析某一跨国并购企业文化整合后的企业文化整合情况。

第二节 展 望

近几年对并购企业文化整合的研究，引起了国内外学者广泛的关注，并研究出了一些重要成果。本研究在前人研究的基础上，通过分析总结前人研究的成果，大胆地尝试从新的视角来研究企业文化整合，取得了一些成果。但是鉴于文献资料和研究时间所限，本研究在大胆创新的同时，同时在研究中不可避免地存在不足与疏忽之处。而正是这些不足也为将来进一步研究方向提供了新方向，大致有以下几个方面：

第一，需要对并购企业文化整合系统模型的构建进行更多的实证分析，并提出模型修正，采用的文化整合模型适合国际化并购的实际情况。

第二，需要通过增加调查样本进一步对并购企业文化风险模型在跨国并购中的作用进行实证研究，并且探讨并购企业文化风险与并购其他风险间的关系，明确文化风险评价在企业成功并购中的作用和地位，为企业决策提供可靠参考。

第三，基于本研究对企业文化评价的模糊综合评价模型，还需采用更多的样本分析模型的有效性，并结合并购企业的绩效分析作进一步回归分析评价模型的适用性，为并购企业整合后综合评价企业绩效提供有说服力的数据和结果。

参考文献

一、英文文献

[1] AllairY, Firsirtu M E. Theories of organizational culture [J]. Organization Studies, 1984, 5: 193-226.

[2] Alder N J. International dimensions of organizational behavior [M]. Boston: Kent, 1991.

[3] Ansoff H L. Strategic management [M]. London: Macmillan, 1979: 271-283.

[4] Arjen H L. National cultural distance and initial foreign acquisition performance: the moderating effect of integration [J]. Journal of World Business, 2006, (41): 161-170.

[5] Ashkenas R N, Demonaco L J, Francis S C. Making the deal real: how GE capital integrate acquisitions [J]. Harvard Business Review, 1998, 2: 120-132.

[6] Aupperle K E, Acat W, Booth D E. In search of excellence: how excellent are the excellent companies [J]. Journal of Management, 1986, 12(4): 499-512.

[7] Barney J B. Firm resources and sustainable competitive advantage [J]. Journal of Management, 1991, 17(1): 99-120.

[8] Barton D L. Core capability&core rigidities: a paradox in managing new product development [J]. Strategic Management, 1992, 13: 111-125.

[9] Bass B M, Avolio B J. Transformational leadership: a response to critiques, in Chemers M M, Ayman R. Leadership Theory and Re-

search: Perspectives and Directions [C]. Orlando: Academic Press, 1993: 49-80.

[10] Berry S, Ariel P. Some application & limitations of recent advances in empirical industrial organization: merger analysis [J]. American Economic Review, 1993, 83(2): 247-252.

[11] Berry J W, Annis R C. Acculturative stress: the role of ecology, culture and differentiation [J]. Journal of Cross- Cultural Psychology, 1974: 382-406.

[12] Birkinshaw J, Bresman H. Managing the post-acquisition integration process: how the human integration and task integration process interact to foster value creation [J]. Journal of Management Studies, 2000, 5: 15-27.

[13] Bruce W P, Joseph R. Firm defends intercore organization [J]. Wall Street Journal(Eastern edition), 1991, 3: 15-19.

[14] Buckley W F. Sociology and modern systems theory [M]. Englewood Cliffs: New York, 2002: 112-114.

[15] Buller P F, Kohls J J, Anderson K S. When ethics collide: managing conflicts across culture [J]. Organizational Dynamics, 2000, 28(4): 52-66.

[16] Calori R, Sarnin P. Organizational culture and economic performance: A French study [J]. Organization Studies, 1991, 12(1): 49-74.

[17] Cameron K S, Quinn R E. Diagnosing and changing organizational culture: based on the competing values framework [M]. New York: Addison-Wesley Press, 1998.

[18] Cartwright Cooper. The role of culture compatibility in successful organizational marriage [J]. Academy Management Review, 1993, 7(2): 57-70.

[19] Chan L M, Shaffer M A, Snape E. In research of sustained competitive advantage: the impact of organizational culture, competitive strategy and human resource management practices on firm per-

formance [J]. International Journal of Human Resource Management, 2004, 15(1): 17-35.

[20] Chatterjee, Lubarkin. Cultural differences and mergers linking equity and human capital shareholder value [J]. Strategic Management Related Review, 1992, 13: 319-334.

[21] Chatman J A. Improving interactional organization research: a model of Person-Organization Fit [J]. Academy of Management Review, 1989, 14: 333-349.

[22] Clemente M N, Greenspan D S. M&A's: preventing culture clash [J]. HRFOCUS, 2003, (5).

[23] Coopers, Lybrand. Environmental management practice: a survey of major Australian organisations [M]. Sydney: Coopers and Lybrand, 1993.

[24] David M B. Multinational acquisition integration: the role of national culture in creating synergies [J]. International Business Review, 2005, 14: 269-288.

[25] David K, Singh H. Acquisition regimes: managing cultural risk and relative deprivation in corporate acquisitions [J]. International Review of Strategic Management, 1993, 4: 227-276.

[26] Day, George S. Managing market relationships [J]. Journal of the Academy of Marketing Science, 2000, 28(1): 24-30.

[27] Denison D R. Bringing organizational culture to the bottom line [J]. Organizational Dynamics, 1984, 13: 4-22.

[28] Denison D R. Organizational culture and organizational effectiveness [M]. New York: Addison-Wesley Press, 1990.

[29] Denison D R, Gretchen M S. Organizational culture and organizational development: a competing values approach [A]. In Research in Organizational Change and Development, Richard W W, William A P [C]. Greenwich: JAI Press Inc., 1991: 1-22.

[30] Denison D R, Mishra A. Toward a theory of organizational culture and effectiveness [J]. Organization Science, 1995, 6: 204-223.

[31] Denison DR. What is the difference between organizational culture and organizational climate? A native's point of view on a decade of paradigm wars [J]. Academy of Management Review, 1996, 21 (3): 619-654.

[32] Denison DR. Corporate culture and organizational effectiveness: is Asia different from the rest of the world? [J]. Organizational Dynamics, 2004, 33: 98-109.

[33] Denzin N K, Yvonne S. L. The handbook of qualitative research [M]. Thousand Oaks: Sage, 1998.

[34] Dodd C H. Dynamics of intercultural communication [M]. Boston: MCGraw-Hill, 1998.

[35] Edward T Hall. Beyond culture [M]. New York: Anchor Press, 1976.

[36] Ellis Nick, Richard Mayer. Interorganizational relationships and strategy development in an evolving industrial network: mapping structure and process [J]. Journal of Marketing Management, 2001, 17: 183-222.

[37] Ellram L M, Martha C. Cooper. Supply chain management, partnerships, and the shipper-third party relationship [J]. International Journal of Logistics Management, 1990, 1(2): 1-10.

[38] Ellram Lisa M, Thomas E Hendrick. Partnering characteristics: a dyadic perspective [J]. Journal of Business Logistics, 1995, 16 (1): 41-64.

[39] Enrose T. The growth of the firm [M]. Oxford: Basil Blackwell, 1959.

[40] Eric Flamholtz. Differential impact of cultural elements on financial performance [J]. European Management Journal, 2005, 23(1): 50-64.

[41] Evans G Demark. Pinstripes versus the Trinity [J]. Euromony, 1991(1): 63-66.

[42] Fama E F, Jensen M C. Separation of Ownership and Control [J].

Journal of Law and Economics, 1983, 26(1): 301-307.

[43] Flint D J. Change in customers' desired value: a grounded theory research of its nature and processes based on business customers' lived experiences in the U. S. automobile industry [D]. Knoxville: The University of Tennessee, 1998.

[44] Flint D J, Robert B W, Sarah F G. Exploring the phenomenon of customer's desired value change in a business-to-business context [J]. Journal of Marketing, 2002, 6: 102-117.

[45] Ford D, McDowell R, Tomkins C. Relationship strategy, investments and decision making in networks in marketing [M]. London: Sage, 1996, 144-176.

[46] Fulmer R. Meeting the merger integration challenge with management development [J]. Journal of Management Development, 1986, 5(4): 12-23.

[47] Gaughan P A. Mergers: what can go wrong and how to prevent it [M]. Hoboken: John Wiley & Sons, Inc, 2005.

[48] Glaser S R, Zamanou S, Hacker K. Measuring and interpreting organizational culture [J]. Management Communication Quarterly, 1987, 1(2): 173-198.

[49] Gliner J A. Reviewing qualitative research: proposed criteria for fairness and rigor[J]. Occupational Therapy Journal of Research, 1994, 14(2): 78-90.

[50] Gordon George G. Industry determinants of organizational culture [J]. The Academy of Management Review, 1991, 16: 396-415.

[51] Gordon George G, Nancy DiTomaso. Predicting corporate performance from organizational culture [J]. Journal of Management Studies, 1992, 29: 783-798.

[52] Goulding, Christina. Grounded theory: a practical guide for management, business and market researchers [M]. Thousand Oaks: Sage, 2002.

[53] Greco, Joann. Outsourcing: the new partnership [J]. Journal of

Business Strategy, 1997, 18(4): 48-54.

[54] Handy C. Understanding organisations [M]. Penguin: Harmondsworth, 1993.

[55] Hansen G S, Wernerfelt B. Determinants of firm performance: the relative importance of ecomomic and organizational factors [J]. Strategic Management Journal, 1989, 10(5): 114-136.

[56] Haspeslagh P C, Jemison D B. Managing acquisitions: creating value through corporate renewal [M]. New York: The Free Press, 1991.

[57] Hofstede G. Culture's consequences [M]. Beverly Hills: Sage, 1980.

[58] Hofstede G. The cultural relativity of organizational practices and theories [J]. Journal of International Business Studies, 1983, 14 (2): 75-89.

[59] Hofstede G, Bond M. H. The Confucius connection: from cultural roots to economic growth [J]. Organizational Dynamics(Spring Version), 1988: 4-21.

[60] Hofstede G. Measuring organizational cultures: a qualitative and quantitative study across twenty cases [J]. Administrative Science Quarterly; 1990, 35(2): 230-251.

[61] Hofstede G. Cultures and organizations [M]. London: McGraw hill International limited, 1991: 56-61.

[62] Hofstede G. Cultural constraints in management theories[C]. Maastricht: The Netherlands Academy of Management Executive, 1993.

[63] Hofstede G. Cultures and organizations: software of the mind [M]. London: McGraw Hill International limited, 1997.

[64] Huang K. Developing a resource-market matrix for the Taiwanese ICT industry [D]. London: University of London, 2003.

[65] Jean L Johnson, John B Cullen. Drivers and outcomes of parent company intervention in IJV management: a cross-cultural comparison [J]. Journal of Business Research, 2001, 52: 35-49.

[66] Jemison D, Sitkin S. Corporate acquisition: a process perspective [J]. Academy of Management Review, 1986, 11: 145-163.

[67] Jemison D B, Haspaslagh P C. The challenge of renewal through acquisitions [J]. Planning Review, 1991, 19: 134-147.

[68] Jensen M C, Meckling W. Theory of the firm: managerial behavior, agency costs and ownership structure [J]. Journal of Financial Economics, 1976, 3(5): 303-360.

[69] Jensen M C. Agency costs of free cash flow, corporate finance and takeovers [J]. American Economic Review, 1986, 76(3): 323-329.

[70] Jerome D Williams, Sang L Han, William J Qualls. A conceptual model and study of cross-cultural business relationship [J]. Journal of Business Research, 1998, 42: 135-143.

[71] Kahn B Kenneth, John T Mentzer, Elliot N Maltz. Demand collaboration, knowledge, and performance in the supply chain: an exploratory investigation [R]. Knoxville: The University of Tennessee, 2004.

[72] Kanter R M. Transcending business boundaries: 12, 000 world managers view change [J]. Harvard Business Review, 1991, 5: 151-164.

[73] Keegan R, Lacey L L. The real reason people won't change in Harvard Business Review on culture and change [R]. Boston: Harvard Business School Publishing, 2001.

[74] Kerlinger N Fred, Howard B Lee. Foundations of behavioral research [M]. Fort Worth: Harcourt College Publishers, 2000.

[75] Kilmann M J, Saxton R. Gaining control of the corporate culture [M]. SanFrancisco: Jossey-Bass, 1985.

[76] Klein J A. True change: how outsiders on the inside get things done in organizations [M]. San Francisco: Jossey-Bass, 2004.

[77] Kotter J P, Heskett J L. Organizational culture and performance [M]. New York: The Free Press, 1992.

[78] Lajoux A R. The art of M&A integration: a guide to merging resources, processes, and responsibilities [M]. New York: McGraw-Hill, 1998.

[79] Larsson R, Finkelstein S. Integrating strategic, organizational, and human resource perspective on mergers and acquisitions: a case survey of synergy realization [J]. Organization Science, 1999, 10: 214-245.

[80] Lewis D. How useful a concept is organizational culture [J]. Strategic Change, 1998, 7: 261-276.

[81] Lincoln J, Kalleberg A. Culture, control, and commitment [M]. England: Cambridge University Press, 1990.

[82] Louis M R. Organizations as culture-bearing milieux [A]. In Pondy L R, Frost P J, Morgan G, Dandridge T. Organizational Symbolism[C]. Greenwich: JAI Press, 1983: 39-54.

[83] Luecke R. Managing change and transition [M]. Boston: Harvard Business School Press, 2003.

[84] Martin, Siehl. Organizational culture and counterculture: an uneasy symbiosis [J]. Organizational Dynamics, 1983, 122: 52-65.

[85] Mirvis P H, Marks M L. Managing the merger: making it work [M]. New York: Prentice Hall, 1992.

[86] Nahavandi A, Malekzadeh A R. Acculturation in mergers and acquisition [J]. Academy of Management Review, 1988, 13: 79-90.

[87] Nahavandi A, Malekzadeh A R. Organizational culture in the management of mergers [M]. London: Quorum Books, 1993: 357-339.

[88] Nancy J Adler. International dimensions of organizational behaviors [M]. Boston: South-Western College Publishing, 1997: 9-11.

[89] O'Reilly C A, Chatman J A, Caldwell D F. People and organizational culture: a profile comparison approach to person-organization fit[M]. Demy of Management Journal, 1990, 34(3): 487-516.

[90] Pedler M, Burgoyne J, Boydell T. The learing company [M]. London: The McGraw-Hill, 1997.

[91] Perters T J, Waterman R H. In search of excellence [M]. New York: Harper and Row, 1982: 136-138.

[92] Renzhong Peng. Evaluation on Post-merger Organizational Culture Integration and its Effectiveness Based on Fuzzy Sets[A]. Eighth Wuhan International Conference on E-business[C]. Vols I-III: 1080-1085, 2009.

[93] Renzhong Peng. Study on pre-integration corporate cultural risk comprehensive evaluation[A]. 2009 International Conference on E-Business and Information System Security(EBISS)[C]. 2009.

[94] Rikard l. arsson, Anette Risberg. Cultural awareness and national versus corporate barriers to acculturation in cultural dimensions of international mergers and acquisitions, by Martine Cardel Gertsen, Anne Marie Sderberg, and Jen Erik Torp Berlin[C]. New York: Walter de Gruyter, 1998.

[95] Risberg A. The merger and acquisition process [J]. Journal of International Business Studies, 2003.

[96] Robert J Borghese, Paul F Borgese. M&A from planning to integration [M]. London: McGraw-Hill, 2001.

[97] Robert R Blake, Jane S Mouton. The new managerial grid [M]. Houston: Gulf Pub, 1978.

[98] Roger Harrison, Herb Stokes. Diagnosing Organizational Culture Instrument[M] New York: Kindle Book, 1992.

[99] Sathe V. Implications of corproate culture: a manager's guide to action [J]. Organizational Dynamics, 1983, 12: 23-35.

[100] Schein E H. Suppose we took culture seriously [J]. Academy of Management Newsletter, 1984, 2(3): 7.

[101] Schein E H. Organizational culture and leadership: A dynamic view [M]. San Francisco: Jossey-Bass, 1985.

[102] Schein E H. Organizational culture [J]. American Psychogist, 1990, 45(2): 109-119.

[103] Schein E H. Organizational culture and leadership(2nd Edition)

[M]. San Francisco: Jossey-Bass, 1992.
[104] Schein E H. The corporate culture survival guide [M]. San Francisco: Jossey Bass, 1999.
[105] Schneider B. Climate and culture: An evolution of constructs [M]. San Francisco: Jossey-Bass, 1990: 5-39.
[106] Schneider B, Barsoux J L. Managing Across Cultures [M]. New York: Prentice Hall, 1997.
[107] Schneider B, Salvaggio A N, Subirats M. Climate strength: A new direction for climate research [J]. Journal of Applied Psychology, 2002, 87(2): 220-229.
[108] Segal M H, Lonner W J, Berry J W. Cross cultural psychology as a scholarly discipline: On the flowering of culture in behavioral research [J]. American Psychologist, 1998, 53: 1101-1110.
[109] Shapiro I, Picker H D. Mergers and acquisitions: strategic is the word [J]. Institutional Investor, 1991, 1: 74-81.
[110] Shrivastava P. Post-merger integration [J]. Journal of Business Strategy, 1996, 7: 65-76.
[111] Singh M. Corporate acquisition strategies and economic performance [J]. Strategic Management Journal, 1987, 8: 377-386.
[112] Sirower M L, Stark R. The PMI boards pack: new diligence in M&A [J]. Directors & Boards, 2001, 25: 34-39.
[113] Stein J. Takeover threats and managerial myopia [J]. Journal of Political Economy, 1988, 96(1): 61-80.
[114] Stringer R. Leadership and organizational climate [M]. New York: Prentice Hall. 2002.
[115] Terrence E Deal, Allan A Kennedy. Corporate cultures [M]. New York: Perscus Books Publishing, 1999.
[116] Terry B, Lance N. Integration problems and turn around strategies in a cross-border merger [J]. International Review of Financial Analysis, 2000, 2: 219-234.
[117] Thomas K W. Conflict and conflict management. In Dunnette M

D, Hough L M, Handbook of Industrial and Organizational Psychology[C]. Palo Alto: Consulting Psychologists Press, 1976.

[118] Topolnytsky L. Commitment in an era of change: The role of perceived culture, culture fit, and justice [D]. Ontario: The University of Western Ontario, 2001.

[119] Shapiro J C, Kessler L. Consequences of the psychological contract for the employment relationship: a large scale survey [J]. Journal of Management Studies, 2000, 17: 903-930.

[120] Wilkins A, Ouchi W G. Efficient culture: exploring the relationship between culture and organizational performance [J]. Administrative Science Quarterly, 1983, 28: 468-481.

[121] William W, Stanley C Hollander, Roger Dickenson. Keep forces impinging on long-term business-to-business relationships in the United States: an historical perspective [J]. Journal of Marketing, 1998, 62: 31-45.

[122] Williamson O E. Economic organization—firms, markets and policycontrol[M]. New York: Wheat sheaf Book, 1986.

[123] Young David W. The six levers for managing organizational culture [J]. Business Horizons Volume, 2000, 43(5): 19-28.

二、中文文献

[1][美]阿伦·肯尼迪，特伦斯·狄尔. 西方企业文化[M]. 北京：中国对外翻译出版公司，1989.

[2][美]阿伦·肯尼迪，特伦斯·狄尔. 塑造企业文化[M]. 广州：广东人民出版社，1990.

[3]贲恩正，祝慧烨. 东西方企业价值观管理比较[J]. 中外企业文化，2007，(6).

[4][美]彼得·圣吉. 第五项修炼——学习型组织的艺术与实务[M]. 上海：上海三联书店，1996.

[5][美]查尔斯·希尔，盖洛斯·琼斯. 创造基于能力的企业文化[M]. 北京：华夏出版社，2001.

[6]曹凤岐．如何进行企业重组与并购[M]．北京：北京大学出版社，1999.
[7]曹建新，李琴．企业跨国并购存在的问题与对策研究[J]．华南理工大学学报：社会科学版，2011，13(3).
[8]陈畴镛，胡隆基．基于模糊综合评判的企业核心竞争能力识别模型[J]．数量经济技术经济研究，2000，5：20-23.
[9]陈春花，刘晓英．企业并购中的文化整合[J]．中外管理，2005(5)：38-40.
[10]陈凤．企业并购与文化整合[J]．理论与改革，2001，(1)：14-17.
[11]陈凌．中外合资企业的跨文化管理研究[D]．合肥：电子科技大学，2004：8-11.
[12]陈乃怀．试论企业兼并中文化冲突的整合和整合[J]．福建论坛，2000.
[13]陈浩，王永．并购企业的文化冲突与文化整合[J]．科技进步与对策，2002，19(11)：93-94.
[14]陈海花．国际营销中的文化风险[J]．江苏商论，2004，(10)：40-44.
[15]陈弘．企业跨国并购中的文化冲突与整合[J]．求索，2006，(7)：24-30.
[16]陈劲，王毅，许庆瑞．国外核心能力研究评述[J]．科研管理，1999，(5)：14-20.
[17]程兆谦．购并中价值创造的三个基本问题[J]．经济管理，2001，(18)：12-16.
[18]程兆谦，徐金发．企业文化与并购研究[J]．外国经济与管理，2001，(9)：13.
[19]崔保军．企业并购后的文化整合模式及选择[J]．企业活力，2007，(3).
[20]崔茂中，温艳萍．企业并购的文化整合及其模式选择[J]．生产力研究，2008(2)：116-118.
[21]邓红．我国企业对外并购中跨文化整合的探讨[J]．科技进步

与对策，2007，(12).
[22]邓沛然．中国企业跨国并购中的文化整合研究［D］．河北大学，2009.
[23]丁敏．企业并购后人力资源与文化的整合再造[J]．商业时代，2006，(25).
[24]丁志达．企业文化是公司重要资产[J]．经济管理文摘，2004，11：28.
[25]杜纲，李四平，程继川等．企业核心能力诊断分析[J]．数量经济技术经济研究，1999，(8)：62-64.
[26]范徽，张灵．上海大众的跨文化培训[J]．企业文化，2002，(10)：60-61.
[27]范征．并购企业文化整合的过程、类型与方法[J]．中国软科学，2000，(8)：91-95.
[28]樊耘，熊晓哲，余宝琦．基于关键要素的企业文化模型研究[J]．科研管理，2007，(5).
[29]高艳，赵守国．论企业并购中的文化整合与管理[J]．经济管理，2002，(19).
[30]顾卫平，薛求知．论跨国并购中的文化整合[J]．外国经济与管理，2004，(4).
[31]顾琴轩，金凤斐．企业兼并与企业文化系统整合[J]．企业文化，2002，(5).
[32]顾仪静．企业并购后整合问题研究［D］．广州：华东理工大学，2013.
[33]广州高露洁有限公司党委．企业文化是协调中外员工价值观的有效途径[J]．牙膏工业，1995，(4).
[34]郭纪金．企业文化[M]．广州：中山大学出版社，1995.
[35]郭建鸾，郝帅．跨国并购目标企业文化整合的影响因素与耦合机制研究[J]．中央财经大学学报，2015，(1)：16.
[36]侯建军．文化差异与跨文化管理障碍分析[J]．商场现代化，2006，(4)：44-45.
[37]侯学明．企业并购的文化风险：根源，类型与规避[J]．商业

研究，1999，(9)：50-52.
[38]何超华．跨国并购中的企业文化整合模式：理论与运用[J].商业研究，2005(1)：155-157.
[39]何峰．企业文化对企业长期经营业绩的作用研究[D].上海：华东师范大学，2002.
[40]胡军．跨文化管理[M].广州：暨南大学出版社，1995.
[41]胡明．企业并购过程中文化风险的分析与测度研究[D].长沙：中南大学，2005.
[42]胡永栓．企业兼并中的文化冲突与管理策略[J].科技进步与对策，2002，(3)：9-11.
[43]杰克琳·谢瑞顿，詹姆斯·斯特恩．企业文化排除企业成功的潜在障碍[M].上海：上海人民出版社，1996.
[44]金灿．跨国并购企业文化的整合研究[D].长沙：中南大学，2005.
[45]康荣平，柯银斌．核心能力在中国的应用[J].科研管理，1999，20(5)：1-5.
[46]李宝珠．企业并购中文化整合的难点及对策[J].企业经济，2002，(11).
[47]李京梅．论外资并购国内企业的文化整合[J].中国海洋大学学报：社会科学版，2004，(1).
[48]李建华．企业重组中非实物性资产的重组[J].工业企业管理，2000，(2)：77.
[49]李建民．企业跨国并购中的文化冲突与文化整合[J].山东社会科学，2014，(2)：25.
[50]李静，彭仁忠，李婷．中外企业文化价值观对比研究——以IBM公司与联想集团为例[J].湖北社会科学，2012，(1)：67-70.
[51]李桂荣．创新型企业文化[M].北京：经济管理出版社，2002.
[52]李莉．企业并购项目文化冲突及风险测度研究[D].长沙：中南大学，2005.
[53]李连英．跨国战略联盟企业文化差异及整合分析[J].改革与战略，2006，(10).

[54]李美艳．中国企业跨国并购文化整合模式选择研究[D]．厦门：厦门大学，2008.
[55]李银波，易楚君．联想集团亏损的价值观因素及其启示——对联想集团收购 IBM PD 的跨文化考察[J]．武汉理工大学学报，2010，(6).
[56]李正志．企业并购过程中的企业文化整合研究[D]．成都：西南交通大学，2004.
[57]黎红雷．“文化人假设”及其管理理念——知识社会和管理哲学[J]．中山大学学报：社会科学版，1999，(6)：96-101.
[58]黎正忠．并购企业文化整合的影响因素及策略研究[D]．广州：暨南大学，2006.
[59]廖冰，纪晓丽．并购企业的文化冲突与整合管理[J]．商业研究，2004，(19).
[60]廖民生．中国企业跨国直接投资研究[M]．北京：经济科学出版社，2001.
[61]廖泉文，李鸿波．企业并购的文化整合动因，障碍分析及其模式选择[J]．管理科学，2003，(1)：33-37.
[62]廖晓雪．企业并购中的文化整合问题探析[J]．企业经济，2006，(1).
[63]林新．企业并购与竞争规制[M]．北京：中国社会科学出版社，2001：61-83.
[64]刘光明．现代企业家与企业论文化[M]．北京：经济管理出版社，1996.
[65]刘光明．企业文化[M]．北京：经济管理出版社，2000：2-10.
[66]刘光明．中外企业文化案例[M]．北京：经济管理出版社，2000.
[67]刘荣英．论跨国企业并购中的文化整合[J]．中州学刊，2007，(3).
[68]刘汉杰．合资企业的跨文化冲突现象及解决对策[J]．企业活力，2005，(8)：36-37.
[69]刘海云．现代西方大型跨国公司组织结构调整与启示[J]．世

界经济研究，1998，(3)：25-29.
[70]刘洪儒．企业核心竞争力的评估与创造——采访麦肯锡中国公司首席代表欧高敦[J]．中外管理，1998，(3)：13-15.
[71]刘玲．我国企业并购中的文化整合研究[D]．武汉：华中师范大学，2014.
[72]刘曦子．中国企业跨国并购中组织文化的整合-基于联想并购IBM的PC部门的案例分析[J]．中国证券期货，2013，(9)：63.
[73]刘永谋．企业并购的文化整合模式及路径[J]．商业时代，2007，(7).
[74][美]理查德·帕斯卡尔，安东尼·阿索斯．日本企业管理艺术[M]．北京：中国科学技术翻译出版社，1984.
[75]逯元波．中外快餐企业的企业文化比较——以肯德基与真功夫快餐为例[J]．经营管理者，2011，(16).
[76]卢世琛．对武汉市企业兼并的调查与思考[J]．中国工业经济，1997，(12)：32-36.
[77]吕秋彤，孙洁，薛佳．关于跨国企业文化冲突与整合的中外理论述评[J]．企业家天地，2008，(1).
[78]罗长海．企业文化学[M]．北京：中国人民大学出版社，1991.
[79]罗海涛．企业并购与文化整合研究[J]．技术经济，2000，(10)：36-39.
[80]罗永立，牛广星．以绩效为导向的企业文化创新[J]．中国人力资源开发，2005，(2)：26-27.
[81]迈克尔·波特．竞争优势[M]．北京：华夏出版社，1997.
[82]毛剑峰．企业并购的文化整合模式与选择[J]．商场现代化，2007，(18).
[83]牛力娟，周森．中国企业跨国并购中文化整合模式的选择及其启示——以联想集团并购IBM个人电脑事业部为例[J]．云南财经大学学报，2006，22(4)：103-107.
[84]潘爱玲．跨国并购种文化整合的流程设计与模式选择[J]．南开管理评论，2004，(7)：105-107.
[85][英]帕特·乔恩特，马尔科姆·华纳．跨文化管理[J]．大

连：东北财经大学出版社，1999.
[86]彭仁忠．跨文化企业的文化冲突研究[J]．企业经济，2008，(5).
[87]彭仁忠．企业文化研究述评[J]．商场现代化，2008，(4).
[88]彭仁忠．并购企业文化整合研究[D]．武汉：华中科技大学，2008.
[89]钱大胜．并购企业文化整合流程研究[J]．商场现代化，2008(31)：222-223.
[90]邱永明．合而不同——解析中外合资企业的文化冲突[J]．企业研究，2003，(2)：34-35.
[91]齐东平，白庆祥．文化决定成败[M]．北京：中国经济出版社，2008.
[92]齐艳秋，王春．论并购整合战略[J]．外国经济与管理，2001，(9)：20-21.
[93]沙因．企业文化与领导[M]．北京：中国友谊出版公司，1997.
[94]单宝．中国企业跨国并购的文化整合模式及路径选择[J]．统计与决策，2008(5)：164-167.
[95]宋富华，王圣宠．企业并购中的文化整合与再造模式[J]．科技进步与对策，2003，(1).
[96]苏锡坤．企业兼并收购中的问题和对策研究[J]．中国软科学，1998，(1)：94-97.
[97]苏勇．资产重组应高度重视文化整合[J]．工业企业管理，1998，(8)：18.
[98]苏勇．资产重组与文化整合[J]．经济管理，1998，(7)：17-19.
[99]孙孜文．中国企业跨国并购文化整合的案例研究[J]．人民论坛：中旬刊，2012，(2)：94-95.
[100]孙亚东．中国企业跨国并购的文化整合策略选择[J]．改革与战略，2010，26(5)：172-175.
[101]谭静．论企业并购中的文化风险及其控制[J]．决策借鉴，1999，(5).
[102]唐炎钊，唐蓉．中国企业跨国并购文化整合模式多案例研究

[J]. 管理案例研究与评论, 2010, 3(3): 225-235.
[103][美]托马斯·彼得斯, 罗伯特·肯尼迪. 寻求优势——美国最成功公司的经验[M]. 北京: 中国对外翻译出版公司, 1985.
[104]王爱林. 企业并购中的文化整合[J]. 中外管理导报, 2002, (2): 60.
[105]王宝舟, 俞自由. 企业并购中的文化整合策略[J]. 现代财经, 2003, (10).
[106]王朝晖, 徐波. 中国企业跨国并购的文化整合策略研究[J]. 特区经济, 2005, (7): 46.
[107]王国开. 国外企业收购与并购[M]. 上海: 上海人民出版社, 1998.
[108]王洪忠. 谈企业并购中的文化整合[J]. 行政论坛, 2003, (3).
[109]王吉发. 企业并购后文化整合失败的原因及对策研究[J]. 企业活力, 2006, (6).
[110]王基建. 企业并购的文化风险及其识别[J]. 武汉理工大学学报: 信息与管理工程版, 2002, 24(6): 37-40.
[111]王淼. 高科技外资企业技术创新与企业文化整合过程的评价研究[J]. 科技进步与对策, 2006, (2).
[112]王彦茹. 浅谈企业并购后的文化整合[J]. 人力资源管理, 2015, (3): 8-9.
[113]王玉晶. 企业并购后的文化整合[J]. 北方经贸, 2005, (9): 83-84.
[114]王宗军. 综合评价的方法、问题及研究趋势[J]. 管理科学学报, 1998, (1).
[115]王宗军, 杨萍. 企业自主技术创新风险的影响因素研究[J]. 技术经济, 2008, (4).
[116]王宗军, 钱仲帅, 夏天. 经理人长短期激励报酬模型及其优化研究[J]. 管理工程学报, 2008, (1).
[117]王宗军, 崔鑫, 邵芸. 商业银行信贷风险的多因素多层次模糊综合评价[J]. 南开管理评论, 2004, (5).
[118]王宗军, 蒋元涛. 基于SWOT的智能型动态战略决策支持系

统结构设计[J]. 科技进步与对策，2004，(4).
[119]王宗军，冯娟. 利率风险管理的三因素久期模型[J]. 系统管理学报，2007，(6).
[120]王一. 企业并购[M]. 上海：上海财经大学出版社，2001.
[121]文风. 企业并购中的文化整合研究[D]. 武汉：华中科技大学，2004.
[122][美]威廉·大内. Z理论：美国企业界怎样迎接日本的挑战[M]. 北京：中国社会科学出版社，1984：44-46.
[123]魏江. 企业核心能力的内涵和本质[J]. 管理工程学报，1999，13(1)：53-55.
[124]魏杰. 企业文化再造——企业生命常青藤[M]. 北京：北京发展出版社，2002，10-45.
[125]闻学. 超级竞争下企业文化的功能维度及整合模型探析[J]. 科技进步与对策，2007，(7).
[126]吴显英，姜炳麟. 企业的文化风险及对策研究[J]. 商业研究，2003，(2)：176-180.
[127]吴显英. 文化风险内部影响因素的结构分析[J]. 哈尔滨工程大学学报，2005，(6).
[128]吴显英. 企业的文化风险及其评价指标体系分析[J]. 企业经济，2007，(3).
[129]吴战波. 论并购企业的文化整合[J]. 中国流通经济，2008，(1).
[130]夏怡. 从明基—西门子并购浅析并购法则[J]. 管理观察，2011，(1)：102-103.
[131]肖智润. 我国企业跨国并购的文化冲突与文化整合[J]. 改革与战略，2011，27(5)：144-146.
[132]谢作渺. 企业如何防范风险[M]. 北京：新华出版社，2002.
[133]冼国明. 外资并购企业问题讨论——以德国博西华公司收购安徽扬子电冰箱厂为例[J]. 管理世界，2002，(8)：125-130.
[134]熊勇清，胡明. 企业并购的文化风险及度量模型研究[J]. 经济师，2005，(8).

[135]徐彬．企业并购后的整合与协同[J]．工业企业管理，2000，(1)．
[136]徐勋美．并购企业文化整合的实证分析[J]．集团经济研究，2005，(2)：183.
[137]徐笑君．兼并企业的文化重构：模式与特征研究[J]．中外科技信息，1998，(12)：55-58.
[138]叶明霞．企业并购过程中的文化整合[J]．特区经济，2006，(3)．
[139]俞文钊，严文华．整合同化理论与跨国公司的跨文化管理[J]．人类工效学，2000，(12)：18-23.
[140]俞文钊．企业并购中的文化风险及其控制[J]．商业研究，2002，(7)：17-21.
[141][美]约翰·科特，詹姆斯·赫斯科特．企业文化与经营业绩[M]．北京：华夏出版社，1997.
[142]杨大蓉．中国企业海外并购的文化整合战略分析[J]．江苏商论，2007，(9)．
[143]杨洁．企业并购整合研究[D]．长春：吉林大学，2004.
[144]闫朴．基于文化冲突的并购企业文化整合问题[J]．东方企业文化，2014，2(4)：6.
[145]殷莎莎．论我国企业并购后的文化整合 [D]．哈尔滨：哈尔滨工程大学，2007.
[146]于俊秋．克服跨国公司中的管理障碍做好跨文化管理[J]．中央财经大学学报，2004，(1)．
[147]曾栌佳．中国企业海外并购的文化整合——以吉利并购沃尔沃为例[J]．财务与会计(理财版)，2013，(6)：13.
[148]赵曙明，毛智勇．中美日欧企业文化比较及跨文化管理[J]．管理世界，1993，(6)．
[149]赵曙明，张捷．中国企业跨国并购中的文化差异整合策略研究[J]．南京大学学报(哲学社会科学版)，2005，(5)：35.
[150]赵曙明，杨忠．国际企业：跨文化管理[M]．南京：南京大学出版社，1994：59.

[151]赵军．欧美企业并购现状、特点与借鉴[J]．经济问题探索，2000，(6)：126-128.
[152]赵敏．企业并购的风险及并购后的整合[J]．商业经济与管理，2000，(5)：32-35.
[153]赵西三，王莉．中国企业跨国并购中的文化整合：模式、阶段与实现途径[J]．中州学刊，2006，(4).
[154]张爱莲．并购中的企业文化整合[J]．科技信息，2006，(12)：1263.
[155]张德．中国企业文化现在与未来[M]．北京：清华大学出版社，1999.
[156]张德．组织行为学[M]．北京：清华大学出版社，2000.
[157]张德亮．企业并购动因和理论解析[J]．经济管理，2002，(10)：20-21.
[158]张国栋．企业并购的文化整合[D]．北京：北京交通大学，2004.
[159]张国华．论企业购并中的文化整合[D]．南京：东南大学，2002.
[160]张海瑞．我国企业跨国并购中的文化整合研究[D]．北京：北京交通大学，2007.
[161]张世伟，陆余楚，朱文兴．模糊数学应用[M]．上海：同济大学出版社，1991.
[162]张藕香．并购企业文化整合研究[J]．经济与管理，2003，(9)：54-55.
[163]张藕香，章喜为．并购企业文化整合研究综述[J]．湖南农业大学学报(社会科学版)，2003，4(3)：39-42.
[164]张利萍．企业文化整合及其在企业并购中的作用[J]．发展，2012，(2)：95-95.
[165]张艳艳，周杏英．吉利收购沃尔沃案例的跨文化管理分析[J]．经济研究导刊，2012，(8)：28-29.
[166]张永安，高逸琼．跨国企业的跨文化冲突[J]．国际经贸，2006，(27)：33-36.
[167]张子刚，屈仁均，黄莉．企业跨国并购文化整合分析[J]．湖北社会科学，2004，(2)：48-50.

[168]郑伯壎．组织文化价值观之数量衡鉴[J]．中华心理学刊，1990，(32)：31-49.
[169]郑伯壎．组织价值观与组织承诺、组织公民行为、工作绩效的关系：不同加权模式之比较[J]．中华心理学刊，1993，35(1)：43-58.
[170]郑伯壎．组织价值观的上下契合度与组织成员个人的效能[J]．中华心理学刊，1995，37(1)：25-44.
[171]郑宁，胡琳瑜．企业并购中的文化冲突与文化整合[J]．企业经济，2004，(6).
[172]郑兴山，唐元虎．企业并购效应分析[J]．工业企业管理，2000，(6)：76.
[173]郑兴山．跨文化管理[M]．北京：中国人民大学出版社，2010.
[174]仲崇峰．并购企业文化整合研究[J]．商业研究．2006，(19).
[175]仲崇峰．并购企业文化整合的路径依赖性研究[J]．工业技术经济，2006，(5).
[176]钟荣丙．并购企业文化整合及其模式选择[J]．企业改革与管理，2007，(11)：46-47.
[177]周玫．论核心竞争力与中小企业发展[J]．当代财经，2002，(2)：70-72.
[178]周毅．企业文化与企业并购[J]．国内外经济管理，1998，(11)：30.
[179]仲崇峰，段万春．并购企业文化整合研究[J]．商业研究，2006，(19)：208-211.
[180]仲伟周，黄丹．企业文化理论的兴衰演变及其启示[A]．第四届两岸中华文化与经营管理学术研讨会论文集[C]．北京：人民大学出版社，2000.
[181]朱虹．中国企业海外并购文化整合研究[D]．杭州：浙江大学，2013.
[182]朱胜良．兼并后企业文化整合的系统模型[J]．商场现代化，2005，(29).
[183]朱绮笙．跨文化管理：碰撞中的协同[M]．广州：广东经济

出版社，2000：23-201.

[184]庄恩平．跨国公司文化冲突与融合—戴姆勒—克莱斯勒案例分析[J]．管理现代化，2002，(4)：53-56.

附录1　企业文化风险指标评价调查问卷

尊敬的专家领导：

您好！

本次调查的目的是为了对并购企业文化风险中各指标程度进行确定，目的是为企业并购文化方面的风险提供依据。我们将对您交回的问卷严格保密，并保证问卷只作统计使用。您的参与是对我们工作的大力支持，感谢您的积极参与！

填写说明：

1. 题目共有14题。

2. 请依您个人对题意感受程度不同，参照指标等级标准于对应处打钩。

3. 本问卷共由三个组成部分：外部环境文化风险、企业内部文化风险和并购管理与沟通风险。

外部环境文化风险	非常高	比较高	一般	比较低	非常低
1. 民族文化差异					
2. 区域文化差异					
3. 制度文化差异					
4. 行业文化差异					
企业内部文化风险	非常高	比较高	一般	比较低	非常低
1. 企业文化背景差异					
2. 企业多元文化的包容度					
3. 两种企业文化差异的处理方式					

续表

企业内部文化风险	非常高	比较高	一般	比较低	非常低
4. 企业组织的应变能力					
5. 员工结构差异					
6. 管理决策流程					
并购管理与沟通风险	非常高	比较高	一般	比较低	非常低
1. 并购动机					
2. 对目标企业的接管及整合方式					
3. 企业内部的沟通能力					
4. 冲突的宽容度					

附录2　并购中文化风险问卷调查

请在空格□中，选择您所满意的一个选项，打上“✓”。

一、请问

1. 您的性别：

□男　　□女

2. 您的年龄：

□25岁及以下　　□26~32岁　　□33~45岁

□45~50岁　　□51岁以上

3. 您的文化程度：

□大专以下　　□大专　　□大学本科

□硕士、双学士　　□博士

4. 您的职位：

□普通员工　　□主管　　□部门经理　　□经理以上

二、问题

1. 您认为民族文化差异程度如何？

□非常不同，权利距离、社会价值取向、不确定性回避、性别角色与长期取向完全不一致

□较不同，权利距离、社会价值取向、不确定性回避、性别角色与长期取向完全存在差异

□中等，权利距离、社会价值取向、不确定性回避、性别角色与长期取向完全有差异也有相同

□较相同，权利距离、社会价值取向、不确定性回避、性别角色与长期取向完全差异较小

□相同，权利距离、社会价值取向、不确定性回避、性别角色与长期取向完全一致

2. 您认为区域文化差异程度如何？

□价值观念、宗教信仰、种族优越感、语言、思维方式等方面存在严重的差异

□价值观念、宗教信仰、种族优越感、语言、思维方式等方面存在较多差异

□价值观念、宗教信仰、种族优越感、语言、思维方式等方面有差异

□价值观念、宗教信仰、种族优越感、语言、思维方式等方面基本无差异

□价值观念、宗教信仰、种族优越感、语言、思维方式等方面根本无差异

3. 您认为制度文化差异程度如何？

□所有制形式、法律、分配政策、政府行为等方面根本不同

□所有制形式、法律、分配政策、政府行为等方面较不同

□所有制形式、法律、分配政策、政府行为等方面相差不多

□所有制形式、法律、分配政策、政府行为等方面较相同

□所有制形式、法律、分配政策、政府行为等方面相同

4. 您认为行业文化差异程度如何？

□很大，在经营理念、行为方式、制度规范等方面根本不同

□较大，在经营理念、行为方式、制度规范等方面存在较大差异

□中等，在经营理念、行为方式、制度规范等方面存在差异

□较小，在经营理念、行为方式、制度规范等方面大致相同

□小，在经营理念、行为方式、制度规范等方面相同

5. 您认为企业文化背景差异程度如何？

□根本不同 □较不同 □中等 □较相同 □很相同

6. 您认为企业多元化的包容度差异程度如何？

□很大 □较大 □一般 □较小 □小

7. 您认为两种企业文化差异的处理方式差异程度如何？

□很大　□较大　□一般　□较小　□小

8. 您认为企业组织的应变能力差异程度如何？

□很大　□较大　□一般　□较小　□小

9. 您认为员工结构差异程度如何？

□完全不同，并购企业与目标企业员工在知识结构、技能结构等方面

□较不同，并购企业与目标企业员工在知识结构、技能结构等方面

□中等，并购企业与目标企业员工在知识结构、技能结构等方面

□较相同，并购企业与目标企业员工在知识结构、技能结构等方面

□相同，并购企业与目标企业员工在知识结构、技能结构等方面

10. 您认为管理决策流程差异程度如何？

□很大　□较大　□一般　□较小　□小

11. 您认为企业并购动机差异程度如何？

□很大　□较大　□一般　□较小　□小

12. 您认为对目标企业的接管及整合方式差异程度如何？

□很大　□较大　□一般　□较小　□小

13. 您认为企业内部的沟通能力差异程度如何？

□很大　□较大　□一般　□较小　□小

14. 您认为企业群体对冲突的宽容度差异程度如何？

□很大　□较大　□一般　□较小　□小

附录3　企业文化测评权重问卷

尊敬的女士(先生)：

您好！

我们正在进行一项企业文化调研项目，感谢您抽出宝贵的时间来填写这份问卷。请您就以下关于企业文化测评过程中的各项指标的重要程度作出相应的评分比较，可供选择的分数为：1，3，5，7，9，详细解释见下表，只需方格处填写您的看法。谢谢您的参与和支持！

可把以下每一个表格看成一个矩阵，如下图。

P	U_1	U_2	U_3	U_4	U_5
$U1$	U_{11}	U_{12}	U_{13}	U_{14}	U_{15}
$U2$	U_{21}	U_{22}	U_{23}	U_{24}	U_{25}
$U3$	U_{31}	U_{32}	U_{33}	U_{34}	U_{35}
$U4$	U_{41}	U_{42}	U_{43}	U_{44}	U_{45}
$U5$	U_{51}	U_{52}	U_{53}	U_{54}	U_{55}

分　数	含　义
1	表示因素 U_i 与 U_j 比较，具有同等重要性
3	表示因素 U_i 与 U_j 比较，ui 比 uj 稍微重要
5	表示因素 U_i 与 U_j 比较，ui 比 uj 明显重要

续表

分　数	含　义
7	表示因素 U_i 与 U_j 比较，ui 比 uj 强烈重要
9	表示因素 U_i 与 U_j 比较，ui 比 uj 极端重要
2，4，6，8	2，4，6，8 分别表示相邻判断 1 ~ 3，3 ~ 5，5 ~ 7，7 ~ 9 的中值
倒数	表示因素 ui 与 uj 比较得判断 u_{ij} 是 uj 与 ui 比较得判断 u_{ji} 的倒数

1.1 文化认同	公司管理者言行一致程度	管理风格和方式的独特性	公司价值理念的清晰一致性	员工认同公司文化程度	公司道德标准的建设状况
公司管理者言行一致程度	1				
管理风格和方式的独特性		1			
公司价值理念的清晰一致性			1		
员工认同公司文化程度				1	
公司道德标准的建设状况					1

1.2 配合	冲突的双赢解决程度	公司的凝聚力	争议问题达成共识的难易度	关键问题达成共识的难易度	员工对是非行为的辨别程度
冲突的双赢解决程度	1				
公司的凝聚力		1			
争议问题达成共识的难易度			1		
关键问题达成共识的难易度				1	
员工对是非行为的辨别程度					1

1.3 协调与整合	类似事务处理方式的一贯性	不同部分员工观点的差异性	跨部门工作协调的难易性	员工跨部门合作的难易性	不同层次员工目标一致性
类似事务处理方法的一贯性	1				
不同部门员工观点的差异性		1			
跨部门工作协调的难易性			1		
员工跨部门合作的难易性				1	
不同层次员工目标一致性					1

2.1 授权	员工专注工作程度	员工决策自由度	信息的广泛共享性	员工的工作成就感	员工参与决策程度
员工专注工作程度	1				
员工决策自由度		1			
信息的广泛共享性			1		
员工的工作成就感				1	
员工参与决策程度					1

2.2 团队协作	公司对部门之间合作的鼓励	员工的团队意识强弱	团队协作在公司的开展现状	公司内部气氛的和谐程度
公司对部门之间合作的鼓励	1			
员工的团队意识强弱		1		
团队协作在公司的开展现状			1	
公司内部气氛的和谐程度				1

2.3重视人才	员工职权的适度授予	员工工作能力的发展空间	公司对员工技能的培训投入	公司对成员能力的重视程度	公司对吸引人才的注重程度
员工职权的程度授予	1				
员工工作能力的发展空间		1			
公司对员工技能的培训投入			1		
公司对成员能力的重视程度				1	
公司对吸引人才的注重程度					1

3.1变革创新	首创精神的员工受重用程度	公司产品不断创新	新工作方式的引进力度	公司实施变革难易程度	公司要求和支持程度
首创精神的员工受重用程度	1				
公司产品不断创新		1			
新工作方式的引进力度			1		
公司实施变革难易程度				1	
公司要求和支持程度					1

3.2顾客导向	客户评价对公司改革促进度	公司提高产品质量的意识	员工对客户需求的理解程度	公司为客户精诚服务的程度	对员工与客户接触的鼓励程度
客户评价对公司改革促进度	1				
公司提高产品质量的意识		1			
员工对客户需求的理解程度			1		
公司为客户精诚服务的程度				1	
对员工与客户接触的鼓励程度					1

3.3组织学习	公司对待失败的积极程度	对创新风险活动的支持程度	计划和工作开展的顺利程度	学习重要性在员工中的感知	学习方式在工作中的使用度
公司对待失败的积极程度	1				
对创新风险活动的支持程度		1			
计划和工作开展的顺利程度			1		
学习重要性在员工中的感知				1	
学习方法在工作中的使用度					1

4.1持续发展	公司对持续发展道路的选择	领导者的长远目光	员工对企业发展问题的思考	公司对投机和大风险的抵触	公司对短期行为的反对程度
公司对持续发展道路的选择	1				
领导者的长远目光		1			
员工对企业发展问题的思考			1		
公司对投机和大风险的抵触				1	
公司对短期行为的反对程度					1

4.2社会责任	公司目标的广泛认可度	公司有明确的宗旨	公司以贡献社会为己任	公司对环境的维护程度	公司参与社会事务的积极度
公司目标的广泛认可度	1				
公司有明确的宗旨		1			
公司以贡献社会为己任			1		
公司对环境的维护程度				1	
公司参与社会事务的积极度					1

4.3 追求卓越	公司有远大的发展目标	公司有清晰的发展思路	高品质高标准高水平追求度	员工自我超越求胜意识程度	公司鼓励员工不断成长
公司有远大的发展目标	1				
公司有清晰的发展思路		1			
高品质高标准高水平追求度			1		
员工自我超越求胜意识程度				1	
公司鼓励员工不断成长					1

1. 一致性	文化认同	配合	协调与整合
文化认同	1		
配合		1	
协调与整合			1

2. 参与性	授权	团队协作	重视人才
授权	1		
团队协作		1	
重视人才			1

3. 适应性	变革创新	顾客导向	组织学习
变革创新	1		
顾客导向		1	
组织学习			1

4. 使命	持续发展	社会责任	组织学习
持续发展	1		
社会责任		1	
组织学习			1

企业文化	一致性	参与性	适应性	使命
一致性	1			
参与性		1		
适应性			1	
使命				1

本问卷到此结束，再次感谢您的支持和配合！

附录 4　企业文化测评调查问卷

尊敬的女士(先生)：

您好!

此次问卷调查的目的是为了了解贵公司的企业文化客观情况，您的见解和意见对于我们此次研究至关重要，请您认真填写问卷，感谢您的积极参与和支持!

问卷说明：

1. 请各位如实填写。
2. 所有问卷都采取匿名填写方式。
3. 请您在您认为最佳的答案编号前打✓。
4. 以下问题如无特殊说明，均为单项选择题 。

第一部分　基 本 情 况

1. 性别：

　□男　　　　□女

2. 年龄：

　□20~25　　　　□25~30　　　　□30~35

　□35~45　　　　□45 及以上

3. 文化程度：

　□高中以下　　　　□高中和中专　　　　□大专

　□本科　　　　□研究生及以上

4. 您公司的性质是：

　□国有企业　　　　□民营企业

　□中外合资企业　　　　□外资企业

5. 您公司的员工总数为：

□50 以下　□51~10　□101~500

□501~1000　□1000 以上

6. 您公司的成立时间有多长：

□3 年以下　□3~5 年　□5~10 年

□10~30 年　□30 年以上

7. 您进入公司的时间有多长：

□1~2 年　□3~5 年　□6~10 年

□11~15 年　□15 年以上

8. 您的工作类别是：

□营销人员　□研发人员　□一般管理人员

□财务人员　□后勤服务人员　□生产人员

9. 您的专业技术职称是：

□高级　□中级

□初级　□其他

10. 您认为您公司近几年的经营状如何：

□很好　□较好　□一般

□较差　□很差

第二部分　企业文化现状调查

一、参与性

1. 公司大部分员工都能专注于自己的工作。

□完全不同意　□基本不同意　□不确定

□基本同意　□完全同意

2. 当事实和理由充分，我可以做出职务范围内的行为的决定，可以不必经过繁琐的报告和批准。

□完全不同意　□基本不同意　□不确定

□基本同意　□完全同意

3. 在公司，信息得到了广泛的共享，我们可以在需要的时候获得需要的信息。

□完全不同意 □基本不同意 □不确定
□基本同意 □完全同意

4. 公司每个员工都相信自己为公司做出了贡献。

□完全不同意 □基本不同意 □不确定
□基本同意 □完全同意

5. 公司每个员工都在一定程度上参与了公司商业计划的制订。

□完全不同意 □基本不同意 □不确定
□基本同意 □完全同意

6. 公司积极鼓励不同部门之间的合作。

□完全不同意 □基本不同意 □不确定
□基本同意 □完全同意

7. 公司成员在进行工作时都将自己作为团队的一员。

□完全不同意 □基本不同意 □不确定
□基本同意 □完全同意

8. 公司各项工作的完成更多地依赖于团队协作，而不是等级式组织的管理。

□完全不同意 □基本不同意 □不确定
□基本同意 □完全同意

9. 公司内部气氛和谐。

□完全不同意 □基本不同意 □不确定
□基本同意 □完全同意

10. 公司内部员工合作意识强。

□完全不同意 □基本不同意 □不确定
□基本同意 □完全同意

11. 公司成员被授予一定的职权因而可以独立地开展工作。

□完全不同意 □基本不同意 □不确定
□基本同意 □完全同意

12. 公司成员的工作能力可以在工作中得到不断的提高。

□完全不同意 □基本不同意 □不确定
□基本同意 □完全同意

13. 公司在员工技能培训方面进行了不断的投入。

□完全不同意　　□基本不同意　　□不确定

□基本同意　　□完全同意

14. 公司成员的能力被视为公司竞争优势的一个重要源泉和部分。

□完全不同意　　□基本不同意　　□不确定

□基本同意　　□完全同意

15. 公司注重吸引人才。

□完全不同意　　□基本不同意　　□不确定

□基本同意　　□完全同意

二、一致性

1. 公司领导者和管理者的实际行动和他们所提倡的价值观一致。

□完全不同意　　□基本不同意　　□不确定

□基本同意　　□完全同意

2. 公司有着独特的管理风格和管理方式。

□完全不同意　　□基本不同意　　□不确定

□基本同意　　□完全同意

3. 公司有着一系列清晰一致的价值观念用以影响和支配着每个成员的行为方式。

□完全不同意　　□基本不同意　　□不确定

□基本同意　　□完全同意

4. 员工了解、认同公司文化。

□完全不同意　　□基本不同意　　□不确定

□基本同意　　□完全同意

5. 公司有着一套规范员工的行为、明辨是非正误的道德准则。

□完全不同意　　□基本不同意　　□不确定

□基本同意　　□完全同意

6. 当不一致的意见产生时，公司会努力采取双赢的解决方案。

□完全不同意　　□基本不同意　　□不确定

□基本同意　　　　□完全同意

7. 公司有着较强的凝聚力。

□完全不同意　　　□基本不同意　　　□不确定

□基本同意　　　　□完全同意

8. 公司内部比较容易达成共识，即使是在一些争议较大的问题上。

□完全不同意　　　□基本不同意　　　□不确定

□基本同意　　　　□完全同意

9. 公司内部在关键问题达成共识有一定的难度。

□完全不同意　　　□基本不同意　　　□不确定

□基本同意　　　　□完全同意

10. 公司成员对于正确的行为方式和错误的行为方式有着清晰而又一致的意见。

□完全不同意　　　□基本不同意　　　□不确定

□基本同意　　　　□完全同意

11. 公司成员处理类似事务的方法非常一致且具备较高的可预见性。

□完全不同意　　　□基本不同意　　　□不确定

□基本同意　　　　□完全同意

12. 来自不同部门的成员对公司的战略以及各项业务活动有着共同的看法。

□完全不同意　　　□基本不同意　　　□不确定

□基本同意　　　　□完全同意

13. 跨部门工作的协调比较容易。

□完全不同意　　　□基本不同意　　　□不确定

□基本同意　　　　□完全同意

14. 与公司其他部门的人合作并不会像本部门的人合作一样自如。

□完全不同意　　　□基本不同意　　　□不确定

□基本同意　　　　□完全同意

15. 公司不同级别和层次的成员目标是一致的。

□完全不同意　　□基本不同意　　□不确定
□基本同意　　□完全同意

三、适应性

1. 公司中具有首创精神的员工受到重用。
□完全不同意　　□基本不同意　　□不确定
□基本同意　　□完全同意

2. 公司产品技术不断创新。
□完全不同意　　□基本不同意　　□不确定
□基本同意　　□完全同意

3. 公司通常会采纳或引进一些新的、改进的工作方式。
□完全不同意　　□基本不同意　　□不确定
□基本同意　　□完全同意

4. 公司试图变革的意愿和努力经常遭遇各种阻力。
□完全不同意　　□基本不同意　　□不确定
□基本同意　　□完全同意

5. 公司注重创新，要求和支持变革。
□完全不同意　　□基本不同意　　□不确定
□基本同意　　□完全同意

6. 客户的评价和建议经常会促使公司做一些相应的改革和调整。
□完全不同意　　□基本不同意　　□不确定
□基本同意　　□完全同意

7. 公司有提高产品质量、市场份额的意识和行为。
□完全不同意　　□基本不同意　　□不确定
□基本同意　　□完全同意

8. 公司成员对于客户的需求都有着深刻的理解。
□完全不同意　　□基本不同意　　□不确定
□基本同意　　□完全同意

9. 公司为客户精诚服务。
□完全不同意　　□基本不同意　　□不确定

□基本同意　　□完全同意

10. 公司鼓励员工与客户进行直接接触。

□完全不同意　　□基本不同意　　□不确定

□基本同意　　□完全同意

11. 公司将失败当成学习和成长的机会。

□完全不同意　　□基本不同意　　□不确定

□基本同意　　□完全同意

12. 公司鼓励并支持各种创新和风险活动。

□完全不同意　　□基本不同意　　□不确定

□基本同意　　□完全同意

13. 公司里的很多学习计划和工作都陷入两难的境地。

□完全不同意　　□基本不同意　　□不确定

□基本同意　　□完全同意

14. 学习是我们日常工作中的一个重要目标。

□完全不同意　　□基本不同意　　□不确定

□基本同意　　□完全同意

15. 如果我们工作中存在着一些不确定性问题，我们会通过学习的方式来解决。

□完全不同意　　□基本不同意　　□不确定

□基本同意　　□完全同意

四、使命

1. 公司走的是持续、稳定、长期发展的道路。

□完全不同意　　□基本不同意　　□不确定

□基本同意　　□完全同意

2. 公司领导者具有长远目光。

□完全不同意　　□基本不同意　　□不确定

□基本同意　　□完全同意

3. 员工有危机感和紧迫感，自动自觉地思考企业未来的发展问题。

□完全不同意　　□基本不同意　　□不确定

□基本同意　　　　□完全同意

4. 公司反对投机和大风险行为。

□完全不同意　　　□基本不同意　　　□不确定
□基本同意　　　　□完全同意

5. 公司反对短期行为。

□完全不同意　　　□基本不同意　　　□不确定
□基本同意　　　　□完全同意

6. 公司的目标得到了成员的广泛认可。

□完全不同意　　　□基本不同意　　　□不确定
□基本同意　　　　□完全同意

7. 公司有明确的企业宗旨。

□完全不同意　　　□基本不同意　　　□不确定
□基本同意　　　　□完全同意

8. 公司以贡献社会为己任。

□完全不同意　　　□基本不同意　　　□不确定
□基本同意　　　　□完全同意

9. 公司在生产经营时能做到维护环境。

□完全不同意　　　□基本不同意　　　□不确定
□基本同意　　　　□完全同意

10. 公司积极参与社会事务。

□完全不同意　　　□基本不同意　　　□不确定
□基本同意　　　　□完全同意

11. 公司有远大的发展目标。

□完全不同意　　　□基本不同意　　　□不确定
□基本同意　　　　□完全同意

12. 公司有清晰的发展思路。

□完全不同意　　　□基本不同意　　　□不确定
□基本同意　　　　□完全同意

13. 公司追求高品质、高标准、高水平。

□完全不同意　　　□基本不同意　　　□不确定
□基本同意　　　　□完全同意

14. 在公司，员工有强烈的自我超越意识和求胜意识，以期望达到一流的业绩标准。

□完全不同意　　□基本不同意　　□不确定

□基本同意　　□完全同意

15. 公司为员工提供相互竞争、不断成长的舞台。

□完全不同意　　□基本不同意　　□不确定

□基本同意　　□完全同意

本问卷到此结束，再次谢谢您的支持和配合！

后　　记

从本书选题、调研和撰写到现在完成书稿经过了几年的不懈努力，终于在今年春季完成了全部研究内容。回望这几年来的艰辛终成文字，感慨万千，犹如“凤凰涅槃，浴火重生”。蓦然回首过去的这几年，酸甜苦辣，感恩与亏欠，难以言表。

感谢华中科技大学管理学院院长王宗军教授的悉心指导与帮助；感谢华中科技大学外国语学院院长樊葳葳教授的鼓励和支持；感谢本书的责任编辑胡荣老师的积极支持和帮助；感谢我的研究生李婷参与相关数据的收集工作；感谢我的父母、妻子和儿子的大力支持和鼓励！

彭仁忠

2015 年 3 月于武汉